Johann Gottlieb Fichte (1762—1814)

Aus dem Besitz von Herrn Udo Georg von Fichte,
dem sechsten Nachkommen von J. G. Fichte.

# フィヒテ研究　第29号　　目　次

【テクスト研究】　　カント『永遠平和のために』論評

# 「カント『永遠平和のために』論評」の意味とコンテクスト

## Die Bedeutung und der Kontext von Fichtes Buchbesprechung
### *Zum ewigen Frieden* von Kant

杉田孝夫

Takao SUGITA

　まずこの度のテクスト研究において「『永遠平和のために』論評」という小さなテクストをあえて取り上げた理由を述べる必要があるであろう．フィヒテの初期政治論としての 1793 年の『思想の自由の返還要求』『フランス革命論』そして 1794 年の『学者の使命』は，啓蒙とフランス革命の理念の思想圏に収まるものである．しかし 1796 年の『自然法論』以降の法・政治論は，もちろんそれと無関係ではないにしても，明らかに異なる主題設定になっている．両者の間に登場するのが 1795 年のカントの『永遠平和のために』であり，1796 年に『哲学雑誌』に掲載されるフィヒテの「『永遠平和のために』論評」（以下「論評」と略記）である．この「論評」がフィヒテの法・政治論の展開過程においてどのような意味を持ったのかという問いこそが，今回のテクスト研究の課題設定の動機であった．この課題設定がはたしてどの程度の妥当性をもつかは，カント研究とフィヒテ研究の双方の立場から，この小さなテクストをクリティカルに読み直すことによって，検証されるであろう．そのために今回は，いまこの問題にアプローチするうえでもっともふさわしいお二人，カント平和論研究に造詣が深く，2019 年 7 月に『どうすれば戦争はなくなるか──カント『永遠平和のために』を読み直す』を上梓された寺田俊郎氏と 2019 年 2 月にフィヒテの包括的な政治思想史研究『フィヒテ「二十二世紀」の共和国』を上梓された熊谷英人氏にクロス討論形式でテクスト分析をお願いした．

　寺田氏にはカントのテクストに即してフィヒテの書評の意味を読んでいただき，カントはフィヒテによってどう読まれ読まれなかったのかをご検討いただ

いた．また熊谷氏には，フランス革命論や自然法論，閉鎖商業国家論など「『永遠平和のために』論評」に前後するフィヒテの政治哲学諸テクストとの関連のなかで，この論評の意味を読み解いていただき，併せて今後フィヒテの政治哲学の考察を進めていくうえで共有すべき課題をご提示いただいた．両氏の鋭い論考を読まれたい．以下では両氏から出された問題に関連して若干の私見を交えて，司会のコメントとしたい．

## *1*

　フィヒテは 1794 年春，イェーナ大学に着任し知識学講義を始めるとともに，すぐに自然法・国法講義の構想にも着手し，1795 年夏学期から「知識学の諸原理による自然法の基礎」を開始する予告を出していた．しかし学生団体の乱暴な行動に対する取り締まりの強化や団体そのものの解散を求める動きが学内に広まるや，かえって学生団体の行動は大学の学術活動を阻害するほどになり，フィヒテは，とうとう 1795 年 4 月末からオスマンシュテットに避難を余儀なくされた．その結果，予定されていた夏学期の講義は実施することができなかった．しかしその間フィヒテは講義ノートの執筆に没頭していた．[(1)] フィヒテは，1795 年 11 月 15 日のヨーハン・フリードリヒ・コッタに宛てた書簡で，その夏を自然法とそれに基づく国法の研究で過ごしたが，まったく新しい見地からこの学問を基礎づけるという発見を行うことができたと報告し，冬学期はこれを講義し，そのうえでこの自然法講義を印刷したい旨書き送っている．[(2)] フィヒテが，出版間もないカントの『永遠平和のために』を読んだのは，そのようななかにおいてであった．フィヒテは，自らの自然法論・国法論における議論との連関と差異を意識しながら，その書評を書き，『哲学雑誌』第 4 巻（1796 年）に掲載することになる．

　フィヒテは，カントが『人倫の形而上学』を構想していることはすでに 1793 年にカントからの手紙で知っていたし，[(3)] フィヒテ自身も自然法論（「自然法，国家法，国家哲学にかんする計画」）を構想しており，カントの『人倫の形而上学』から示唆を得たい旨をカント宛の書簡にしたためてもいた．[(4)] フィヒテは，『永遠

平和のために』が刊行されたとき，1793 年以来の自然法論ないし法論の構想に関するカントとのやり取りを思い出し，自らの『自然法論』との関連を強く意識して読んだのでないだろうか．『自然法論』の「緒論」の「III　本書の法論とカントの法論との関係について」は，書評論文を書いた後，さらに手を加えて，本来の「緒論」(I・II) に III として挿入したものと考えられる．「緒論」III がどこか浮いているような収まりの悪さを感じさせるのはそのせいなのかもしれない．『自然法論』第一巻は 1796 年 3 月に刊行され，第二巻は翌 1797 年 9 月に刊行される．ちなみにカントの『人倫の形而上学』が刊行されたのは，第一部法論の部が 1797 年 1 月，第二部徳論の部は 1798 年 8 月であった．

　ともあれ，フィヒテの「『永遠平和のために』論評」をめぐる経緯は，カントの批判哲学が，フィヒテの啓示批判論文や知識学の基礎の前提となっているように，フィヒテの法・国家論も『永遠平和のために』というカントの法・国家論との対話とともにその体系化が始まったといえる側面があることは否定できない．『人倫の形而上学』「法論」の部はフィヒテの『自然法の基礎』の翌年に刊行されるが，フィヒテはカントの法論のエッセンスが詰まった『永遠平和のために』から自身の理論を展開していくうえでの多くの示唆を得たのである．しかし同時にフィヒテの知識学がカントの批判哲学をはみ出ているように，フィヒテの自然法論も『永遠平和のために』をはみ出る部分を持たざるを得なかったのである．それはカントを極め，その限界を超えることを自らの課題としたフィヒテの知的営為の宿命であったとも言える．

　こうしてフィヒテのイェーナ期の法・国家論は，自然法論および国法論というかたちで法・権利の原理論と国法論が構想される．しかしなぜ家族法と国際法が付録として置かれているのだろうか．フィヒテは，従来の自然法論の構成に従いつつも，婚姻・家族は法に先立ち，いわば道徳に深く根差すものであり，法は婚姻のあと婚姻当事者の権利を守り，家族の権利を守るために登場するという立場をとっている．かつての家 (Haus) の法・権利という枠組を欠いた家族 (Familie) の法・権利という設定は，フィヒテにとって，自然法や国法にも収まり切れず，かといって道徳論に収まりきれるものでもなかったことが，自

然法論の付録（「自然法論第一補論　家族法綱要」）という位置を得ることになったのかもしれない．また国際法のほうは，まず国内法体系があって，そのうえで，国家間の法体系としての国際法が登場するという論理に基づき，自然法論の付録（「自然法論第二補論　国際法ならびに世界市民法綱要」）という地位を与えられたと考えてよいであろう．こちらの方は，国法の体系，諸国家間の法の体系，世界市民法の体系という連関で理解しやすいが，それだけかえって家族法綱要の位置づけの収まりの悪さが目立ってくる．自然法論とは別に道徳論（「道徳についての講義」（1796 年夏学期，96-97 年冬学期，97-98 冬学期））の講義を行い，『知識学の諸原理による道徳論の体系』（1798 年）が構想されるのはいわば必然といえよう．そのなかで，婚姻と家族の道徳については，「特殊な自然的地位に応じた人間の義務」として再論されることになる．

　1800 年の『閉鎖商業国家論』は，「政策論」（Politik）というよりは，自然法論に基づいた永遠平和のための「政治学」（Politik）であり，カント『永遠平和のために』に対するフィヒテの対案であるともいえる．イェーナ期の体系構想はここで一応完結し，無神論論争という幕間劇を挟んで，フィヒテの学的活動の舞台はベルリンに移ることになる．

　フィヒテの思索の過程をこのように整理してみると，カントの『永遠平和のために』とそれに対するフィヒテの「論評」は，フィヒテの政治哲学の体系構想の出発点における触媒の役割を果たし，フィヒテの政治哲学とカントの政治哲学とが切り結ぶ結節点をなしているように見えてくる．『自然法の基礎』は，カントの問題提起を受け止め，それに対するフィヒテ独自の対案の原理論編となったのであり，その続編とされる『閉鎖商業国家論』はその政治学的実践編である．[5] ベルリン期の作品である『ドイツ国民に告ぐ』（1808 年）も『国家論』（1813 年）も，前者がナポレオンの大陸制覇の始まりのときであり後者がナポレオンの大陸制覇の終わりの時という違いはあるにせよ，対ナポレオン戦争下の状況的要素が色濃くにじみ出ているなかでのドイツ国民に向けたドイツの再生構想である．そのように読めるとすれば，この二つのテクストも，『自然法の基礎』を基礎にした主権国家としての国民国家の理念型の彫琢として理解でき

ないであろうか[6]. ちなみに1812年の法論講義も骨格は『自然法論』と同じような構成になっており，道徳論講義がそれにつづくという構えになっている．

# 2

寺田氏によれば，法と道徳の接続・分離の問題に関して，カントは法論を「理論的な法論 (theoretische Rechtslehre)」と「実践的な法論 (ausübende Rechtslehre)」とに分類し，前者を「道徳」，後者を「政治」と呼んで対比し，「理論的な法論」は狭義の道徳とは区別される法固有の領域を持つものであるとしても，道徳と共通の原理をもつかぎり広義の道徳に属するということになる．それを実践に移し現実化する活動が「実践的な法論」としての政治である．このカント法政治哲学の要諦が示されている『永遠平和のために』の「付論」について，フィヒテの「論評」が言及を略しているのはなぜかという寺田氏の問いはもっともである．おそらく，道徳と法と政治の問題は，フィヒテにとって，まさに思索中の問題であり，この時期，フィヒテは，道徳と法を形式的に分けて考えようとしていたので，あえてそれには触れずに，『永遠平和のために』の本体部分すなわち永遠平和のための条件，国法としての共和制の条件，国際法，世界市民法に言及を限定したのではないだろうか．

ちなみにフィヒテは『閉鎖商業国家論』(1800年)の「緒論」で，「理性国家」と「現実国家」との対比，そしてその両者をつなぐ「政治学」について，つぎのように述べて，『閉鎖商業国家論』を「政治学」として位置づけている．すなわち「純粋国法 (das reine Staatsrecht)」は人間を前提とするが，抽象的に人間を前提にし，「理性国家 (der Vernunftstaat)」を成立させる．「現実国家 (der wirkliche Staat)」は，「所与の国家 (das gegebene Staat)」であり，徐々に「理性国家」に近づくということ以上のことはなしえず，「理性国家」を徐々に創設することに従事すると述べる．ちょうどカントのいう「現象的（フェノメナール）」な世界と「本体的（ヌーメナール）」な世界との関係と類似の関係として「現実国家」と「理性国家」との関係をとらえているようにみえる．

「純粋国法」では正しいことは何か，が問題であり，そこから正しい国家と

しての「理性国家」が導き出される．フィヒテの『自然法論』の課題はまさに
この点に議論が絞られる．しかし「現実国家」のもとでは，「理性国家」のもと
でのように，「何が適法なのか」ということだけが問題なのではない．むしろ
「所与の条件の下で，適法なものがいかに実現可能なのか」という政策論的な
検討が問題である．この「現実国家」の「統治の学」（Regierungswissenschaft）が
「政治学」（Politik）であり，「政治学」は「所与の国家」と「理性国家」との中
間に位置する学問であり，「政治学」は「所与の国家を理性国家に変換する切
れ目のない直線を描き，ついには純粋国法となって終わる」（GA I. 7. 51）．すな
わち「政治学」は，現実の世界にあって「理性国家」という「完全国家」をめ
ざして，所与の諸条件のなかにありながらも，それらの諸条件に立ちつつ，技
芸を尽くして，善き統治を遂行するための学知にほかならない．このようにと
らえられる「純粋法学」と「政治学」の関係こそ，『自然法論』と『閉鎖商業国
家論』との関係にほかならなかった．フィヒテにとってこの「政治学」という
学問は，「純粋な国法学と同様に，真正なる思弁的哲学者の任務」であり，「実
践そのものではなく，かりそめにも学問であるかぎり，現実の国家そのものに
限定してのみ語られるべきものではな」く，「一般政治学」として語られるべ
きであり，個別の具体的な国家から出発するのではなく，「提示される時代に
おける大ヨーロッパ共和国のすべての諸国家に共通の情勢」から出発すべきで
あることが強調されている．ここでフィヒテが読者として期待し想定している
のは，単なる経験にしか基づかない「実際的政治家（der ausübende Politiker）」で
はなく，「思弁的政治家（der spekulative Politiker）」である．「思弁的政治家」は，
秩序と透徹と明確性への認識をもって，一般的規範のレベルで思考し判断する
のに対して，「実際的政治家」は，概念や推算を信頼せず，ただ直接的な経験に
おける保証だけに信を置くからである．この対比はカントの『理論と実践』や
『永遠平和のために』における道徳原理と政治の緊張関係をはっきりと引き継
いでいる．

# *3*

　今回のテクスト研究で焦点となった論点は，権力分立と監督官の問題であった．両者ともフィヒテの政治哲学を理解するうえで避けて通れないクリティカルな問題である．同時代の評価も否定的なものが多く，その後においてもフィヒテの政治哲学的構想としてかならずしもきちんと説明されてきたとはいえない．その点で，取り扱いの難しい箇所であり，今日でもなお基本的な共通理解ができているとはいえない問題である．フランスで権力分立が制度論として議論の対象になるのは，ヴォルテールのイギリス政治論やモンテスキューの『法の精神』以後のことであり，また責任内閣制や議院内閣制の慣行が次第に整うのは 18 世紀を通じてのイングランドの政治的実践のなかであった．選挙区代表に対する国民代表という観念が登場するのは，エドマンド・バークのブリストル演説においてであったし，議会の身分代表から国民代表への転換は，まさにアメリカ独立革命とフランス革命が転機となったといえよう．いまから振り返ってみれば，そのころから，立憲体制の樹立という実践的課題と連動して，権力分立をめぐるさまざまな理念と制度設計の構想が現実的な問題として表れてくることになったといえる．フィヒテの構想は，旧身分制秩序の崩壊から新しい時代の秩序への転換のなかで生じたさまざまな構想の一つだったのかもしれない．その後連邦制のモデルのもとでの国民国家的な立憲体制の構築に向かうなかで，権力分立と代表制という制度理念が支配的になるにつれ，権力分立に対するフィヒテの独特な見方や監督官という対抗的代表制の構想は，そこに内在する批判的視点は見落とされ，次第に読む者に非現実的な印象を与えるようになっていったのである．

　カントとヘーゲルの二つの学派によって条件づけられ，かつ 20 世紀の歴史に強く条件づけられたフィヒテ解釈史の特殊な事情を踏まえれば，フィヒテの構想の意図と意味を，いまいちどフィヒテの生きた時代のコンテクストのなかで，テクスト間の連関に留意しながら，読み直す作業は，フィヒテの政治哲学にこめられた批判的視点の意味の再検討という積極的な意味をもってくるであろう．またその作業を通じてフィヒテの政治哲学が提起する問題が，カントや

ヘーゲルの政治哲学が提起する問題とある種の緊張関係をはらみながら，改めてアクチュアリティをもって我々に迫ってくることになるであろう．

　まず，「論評」において，フィヒテは，永遠平和のための国内秩序の共和制の条件としてカントが立法権力と執行権力の分離というかたちでの代表制を要件としたことを述べたあと，フィヒテは執行権力に対置される権力として，別の執政官すなわち監督官を置く．監督官の役割は執行権を裁くのではないが，人民の自由と権利が危機にあると考えるとき，常に自己の責任で，執行権を弾劾するために人民を招集する，と位置付けている．これについて，自然法論の緒論 III においては，民事立法における立法権と執行権は全く不可分であり，むしろ必然的に合一し続けていなければならず，立法権と執行権の分立は実行不可能に思われると述べ，そうした分立がなくても監督官制度があれば，万人の権利は十分に保証できるという判断を示している．

　フィヒテによれば，法と理性にかなった国家体制の原則は，執行権という「絶対的に積極的（肯定的）な権利」と並んで，監督官という「絶対的に否定的な権力」（「絶対に禁止的な権力」＝「国権停止」の権力）が設定されるべきである，ということになる（GA I.3.449）．監督官はいかなる執行権も持たず，執行権は無限の優越力を有しているが（GA I.3.449），監督官は執行権から独立しており，「全体の安全は監督官の絶対的自由と人格的信頼性にかかっている」（GA I.3.453 ）．執行権力を託される人格は，通常一人（君主制）であるか，憲法によって組織された政治体（共和制）の場合かであるが（GA I.3.441），いずれの場合でも正義の監視機能として監督官制があれば，法にかなったものとなりうるし，また監督官制がしかるべく組織され，実効的であれば，国内に普遍的な正義（Recht）を生み出し，維持することができる」と考えている．フィヒテはこの監督官（Ephorat）について，名称の語源となっているスパルタの監督官（ephoros）やヴェネツィアの国家審問委員会（inquisiotore dello staato）などとは全く異なり，ローマの護民官（tribunus plebis）がここでの監督官に最も近いと言っている（GA I.3.449）．護民官は，執政官（consul）と元老院（senatus）に代表される貴族に対して，平民の民会の代表者であり，民会の抵抗権を制度化したものであると

いえる．現代の権力分立の抑制均衡論においてこれをイメージするのは難しいが，たとえばドイツ連邦共和国における憲法裁判所の機能がややそれに近いと考えることができるかもしれない．

　こうした権力分割や代表制に関するフィヒテの構想は，じつは 1812 年の法論においても，基本的に変わることなく繰り返されている．1796 年の自然法論においてダイレクトに権力分立を批判したのとはちがって，1812 年の法論では統治権力を立法権，司法権，執行権の三権へ権力分立したことは「われわれの時代における素晴らしい出来事に属する」ものだという評価をしつつも，執行権力のもとに，立法権力を置き，また執行権力のもとに司法権力を置くことによって主権的でありうるのであり，これらを分離することは不可能であるという判断は変わっていない．それゆえ肯定的な国家権力には絶対的に否定的な国家権力を，すなわち最高監督官を対置させるのであると，1796 年の自然法論における主張をここでも繰り返している．

　この権力分立をめぐる問題と監督官の問題は，おそらくフィヒテの国家秩序構想を考える際の重要なヒントになるであろう．フィヒテの国家秩序構想は，1796-97 年の自然法論，1800 年の閉鎖商業国家論，さらに 1812 年の法論，1813 年の国家論における理性国家の統治構造の議論においてそれぞれ断片的に現れているが，これらを重ね合わせてみることによって，フィヒテの理想国家の構造がある程度可視化されるであろう．『ドイツ国民に告ぐ』（1808 年）に先立つ 1806 年から 1807 年にケーニヒスベルクで書かれた「祖国愛とその反対」や「ドイツ人の共和国」においてもフィヒテの理想国家構想の内実を構成すると思われる叙述を断片的に垣間見ることができる．それらをつなぎ合わせることによってフィヒテの理想国家モデルの骨格が見えてくるであろうし，それがどのような現実に対する対抗モデルであるのかということも明らかになるのではないかと思われる．しかしこうしてみると『カントの永遠平和のために』論評を機に開始されたフィヒテの永遠平和のための共和国構想を再現するという作業は，フィヒテが生涯をかけて描き続けた未完のスケッチをどのようにつなぎ合わせるかという作業であり，土の中に埋もれた土器の破片をつなぎ

合わせて復元をめざす考古学者の仕事にも似た作業になるであろう[7].

**注**

(1) 1795 年 8 月 29 日のラインホルト宛フィヒテ書簡.

(2) 1795 年 11 月 15 日コッタ宛フィヒテ書簡.

(3) 1793 年 5 月 12 日フィヒテ宛カント書簡.

(4) 1793 年 9 月 20 日カント宛フィヒテ書簡.

(5) 拙稿「平和の政治学としての『閉鎖商業国家論』」『獨協法学』第 102 号, 2017 年 4 月, 75-97 頁.

(6) 拙稿「ナショナリズム──国民国家とは何であったのか」『岩波講座　政治哲学 3 近代の変容』第 6 章（岩波書店, 2014 年）125-150 頁.

(7) この作業の難しさの理由の一つに, フィヒテの二つのテクストに関わるオリジナル原稿の紛失問題がある. 一つは『ドイツ国民に告ぐ』の第 13 講の検閲当局による原稿紛失であるが, 代替原稿をフィヒテ自身が要約を作成したので, それほど深刻な問題ではない. より深刻なのは 1813 年の『国家論』のオリジナル原稿が紛失してしまっていることである.

【テクスト研究】　　カント『永遠平和のために』論評

# フィヒテ「カントの『永遠平和のために』論評」を読む

Eine Betrachtung von Fichtes Rezension
„Zum ewigen Frieden: Ein philosophischer Entwurf von Immanuel Kant"

寺田俊郎
Toshiro TERADA

## は じ め に

　フィヒテの「カント『永遠平和のために』論評」を一読して印象に残るのは，フィヒテの的確なテキスト理解と明快な叙述である．『永遠平和のために』（以下『永遠平和』と略記）の趣旨に関する理解も，「予備条項」「確定条項」の解説も的確で明快である．

　フィヒテは本論評の冒頭で，『永遠平和』に関して次のような認識を示している．[1]『永遠平和』は，「現在および近い将来の政治的諸事件や，それらの諸事件について賛否の判断をする際にとる立場への関心」(221)，そしてカントという傑出した人物が「それらの諸事件をどのように考察し，いかなる根拠に基づいて認識しているか」（同上）を知りたいという欲求から読書人に広く読まれている．そして，そのような世間の需要や，『永遠平和』の「論述のわかりやすさと愉快さ」，「崇高で包括的な理念を提示するときの謙虚なやり方」（同上）のゆえに，その重要性を認めない人や，誠実だが常識からかけ離れた提言，博愛的な人々を束の間楽しませるだけの一つの「美しい夢」（同上）にすぎないと考える人もいるかもしれない．それに対して，フィヒテは，『永遠平和』に提示される理念が人間理性に根源をもつものであり，カント法哲学の「成果を完全に含むもの」(221-222) でもあることに注意を促している．

　フィヒテの言う通りである．『永遠平和』は，当時の世界情勢に鋭敏に応答する著作であり，その論述は時に諧謔を交えた軽妙なものであるが，同時にカ

ントの法哲学の集大成，いや，カントの哲学全体の集大成ですらある，と私は
考える。<sup>(2)</sup>

　不審に思ったのは，第三確定条項の世界市民法（権），「補論」や「付録」に
関する論述が少ないことである。特に「付録」については「真実と誠実が心に
根差しているすべての人は，その真理をじっくりと心に刻みたいと願うに違い
ない」(228) と社交辞令的な一文で済まされているが，論じるべきことが多く
あるはずである。

　さて，考察したい論点は幾つもあるが，道徳論と法論との関係，永遠平和の
「保証」の二点に絞りたい。<sup>(3)</sup>

# *1*　道徳論と法論との関係について

　フィヒテは「評者は，自然法についての研究を行ったさいに，今日ではよく
知られているカントの諸原理とはまったく別の独立した原理から，カントの結
論にそして以下述べるような深遠なカントの諸帰結に思い至り，しかもその証
明も見出した」(223) と述べている。フィヒテのいう「深遠なカントの諸帰結」
とは，直後の長い段落で説明される事柄であろう。つまり，法の原理は，自由
な存在者の共存を各自の自由を制限することによって可能にすることにある，
ということである。この原理自体は理性的なものだが，自由をどの程度まで制
限すべきかについては当事者たちが合意によって決定すべきことだ，とフィヒ
テは次の「第一確定条項」の解説で述べている。この理解は，カントの主張と
一致すると考えられる。それは「法の普遍的原理」として提示されるカントの
法論の基本原理を見れば明らかである。「行為そのものが，あるいはその行為
の格率に則してみた場合に各人の選択意志の自由が，あらゆる人の自由と普遍
的法則に従って両立しうるならば，その行為は正・し・い・」(VI 230)。<sup>(4)</sup>

　つまり，法の原理とは，自由な人々の共存を普遍的法則に従って実現するこ
とである。この普遍的な法則（Gesetz）とは，人々が合意によって立法するもの
に他ならない。以上のようなカントの法の原理を，フィヒテは実に的確に解説
していると思われる。

　さて，この法の原理は知識学の原理から導き出されるとフィヒテは考えているだろうが，カントがどう考えているかについては，研究者の間で議論がある．カントの道徳論と法論の接続の問題である．

　フィヒテは，「予備条項」の解釈の末尾，カントの「許容法則」に対する注記の中で，カントの道徳論と法論が断絶しているという見方をとっている．「定言命法が例外なく無条件に命じるのに対して，自然法は，人間が用いることもあれば用いないでいることもできるような権利を与えるにすぎないからである」．私はこの断定は性急すぎると思う．いくつか理由があるが，一つだけ挙げると，カントの道徳論にも「不完全義務」という状況に応じて行為主体の自由裁量が認められる義務があることである．

　私は，カントの道徳論と法論との間には断絶はなく，連続的発展があると考えている．その理由を示すことは，それだけで一つの著書を要するが，以下でできるだけ簡潔に示そう．<sup>(5)</sup>

　まず，カントは法論を「理論的な法論 (theoretische Rechtslehre)」と「実践的な法論 (ausübende Rechtslehre)」とに分類し，前者を「道徳」，後者を「政治」と呼んで対比している．「理論的な法論」は，狭義の道徳とは区別される法固有の領域をもつとしても，道徳と共通の原理をもつかぎり広義の道徳に属するということになる．それを実践に移し現実化する活動が「実践的な法論」としての政治である．ここにまず，カント哲学においては法が道徳と共通の原理をもつことが予想される．

　この予想が的中していることはカントの「法論」において確認される．『人倫の形而上学』が第一部「法論」と第二部「徳論」との二部から成るところから，カントの道徳論は第二部「徳論」に引き継がれ，第一部「法論」は新たに付け加えられた，と形式的に解する人があるが，『人倫の形而上学』への序論と「法論」への序論を読めば，「法論」が批判期の道徳論との連関を意識して書かれていることは明らかである．

　カントによれば，「法の義務」と「徳の義務」とを区別する原理は「立法 (Gesetzgebung)」の様式にある．ある行為を義務として示すのが「法則」である

が，その「法則」に従って意志を規定する動機がその「法則」そのものである
ならば，「倫理的立法」（または「内的立法」）が成立し，法則以外のものすなわち
外的強制であるならば「法理的立法」（または「外的立法」）が成立する．「法理的
立法」が可能な義務が「法の義務」であり，「倫理的立法」が可能な義務が「倫
理的義務」である．

　カントによれば「倫理的立法」はあらゆる「法則」について可能であるが，
「法理的立法」はすべての「法則」について可能であるわけではない．したがっ
て，「倫理的立法」と「法理的立法」の両方が可能な義務もあるが，「倫理的立
法」しか可能でない義務もあり，それが「徳の義務」である（VI 218 ff.）．「……
すべての義務は，まさにそれが義務であるという理由で，ひとしく倫理学に属
するということ，しかしだからといってそれらの義務の立法はかならずしも全
部が全部倫理学に含まれているわけではなく，その多くのものが倫理学の領域
外にあるということが知られる」（VI 219）．

　この「法の義務」と「倫理的義務」との区別と，『基礎づけ』における「義務
に適う」行為と「義務から」の行為との区別とがぴったりと重なっていること
に注目したい．まず，「倫理的立法」は義務を「義務から」為すことに相当し，
その領域は，道徳的に善い行為の，すなわち「善い意志」によって為される行
為の領域である．それに対し，「法理的立法」は義務をそれが義務であること
以外の動機から為すことであり，その領域はたんに「義務に適う」行為の領域
であり，たんに道徳的に正しい（道徳的に許される）行為の領域である．言い換え
れば，「倫理的立法」の領域は「道徳性」の領域であり，「法理的立法」の領域
は「適法性」の領域である．

　ここに〈義務に適った行為－法理的立法－適法性－法の義務〉および〈義務
からの行為－倫理的立法－道徳性―倫理的義務〉という二系列の概念の連関が
明確に認められる．

　以上のように，「法論」は「道徳性」と「適法性」との区別というカントの道
徳論の基本的理論の一つを継承している．

　では，道徳論と法論に共通の「法則」すなわち「原理」とは何か．それは，

上記の「法の普遍的原理」が示しているもの，すなわち〈自由の共存〉である．これはフィヒテも認めるところである．それと同じ原理がカントの道徳論も貫いている，と私は考える．

　まず，批判期の道徳論における定言命法の諸公式と『人倫の形而上学』の「法の普遍的原理」との間には，内容上の密接な連関が認められる．特に注目すべきは，「法の普遍的原理」と道徳の原理の一つ「目的の国」の原理との親近性である．「目的の国」の定言命法の公式は次のように言表される．「あらゆる格率は，自らの立法に基づいて，自然の国としての可能な目的の国を目指して調和すべきである」(IV 436)．

　「目的の国」では，あらゆる理性的存在者およびその諸目的が「体系的に結合して」(IV 433) いる．それは，各々の理性的存在者と，各々の理性的存在者の設定する諸目的とが，相互に共存しつつ一体をなしているということだろう．さらに，自分自身の目的を実現すべく行為することが理性的存在者の選択意志の自由による実践であるとすれば，「目的の国」とは理性的存在者の選択意志の自由が共存する共同体であると言いうる．それは『純粋理性批判』における「道徳的世界」にも一致している．「道徳的世界」とは「理性的存在者たちの自由な選択意志が，道徳的な諸法則の下で，自分自身ならびにあらゆる他者の自由との普遍的な体系的統一をおびている」(B 836) 世界である．

　以上より，定言命法の諸公式と「法の普遍的原理」とは，選択意志の自由の共存を共通の原理とすると考えられる．もちろん，「目的の国」が道徳の原理を言表するものであるかぎり，その「共同の立法」は各人の内的強制による「倫理的立法」でなければならないが，選択意志の自由の調和は外的強制による「法理的立法」によっても成立しうるのである．

　このように，〈自由の共存〉という法の原理についてはカントと一致するフィヒテも，その根源については袂を分かつ．それを別の形で顕示するのが，自然状態をめぐるカントとフィヒテの理解の違いである．フィヒテは，カントのものとは異なった原理からカントと同じ結論にたどり着いた，と言う．そして，そのカントの原理を「相互に影響しあえるすべての人間は，何らかの公民的

〔市民的〕体制に属さなければならない」，「何人も求めに応じなかった他の人を敵として取り扱う権利を有する．かかる人が事前に彼を脅かすことがない場合においてもである」(223) と言い換えている．

　ここにフィヒテの誤解が見て取られる．まず，二つ目の命題は，自然状態においては戦争が生じていなくても人々は敵対関係にある，というカントの命題を指すものと読むことができるが，少々極端な言い換えである．というのは，カントのいう自然状態はホッブズのいうような闘争状態ではなく，各人が権利を主張するが，誰にどれほどの権利があるか確定する審級がない状態である．つまり自然状態においては，たしかに正・不正を判定できず，そのため争いが起こるが，その争いが正当化されるわけではなく，誰かを「敵として扱う権利」などは誰にもない．

　そして，自然状態においても，理性的存在者は自然状態を脱して公民的状態に入る義務を負うとカントは考え，これを「根源的契約」と呼ぶ．自然状態を脱却すべき理由は，ホッブズの言うような，戦争の恐怖を避け安全を得たいという欲求にあるのではないのだ．それは，法論の結語にある次の文言にも表れていよう．「我々のなかにある道徳的実践的理性は，その抗しがたい拒否権を行使して，戦争はあるべきではない，と宣言する．自然状態にある私とあなたとの間であろうと，内的には法則に従う状態にあっても，外的には（互いの関係において）法則のない状態にある諸国家としての我々の間であろうと，戦争はあるべきではない」(VI 354)．

## 2　永遠平和の保証について

　カントは「第一補説」で自然が人間の感性的傾向性を利用して永遠平和への努力に助力を与える，と述べている．私は，この思想は『永遠平和』前半の議論と一見したところ齟齬があるように思い，その解釈に苦労したが，フィヒテはまったく問題を感じていないようである．その理由は「論評」のそれまでの議論を見ればおおよそ察することができる．フィヒテが法論を道徳論から切り離しているからである．しかし，法論を道徳論の発展的継承と見る私には，永

遠平和の「保証」に関するカントの議論には一筋縄ではいかない問題があるように思われるのである<sup>(6)</sup>.

「第一補説」は「永遠平和の保証」を論じる．永遠平和の保証とは，カントによれば，自然が人間の利己的な傾向を利用して，永遠平和に向けた人間の努力に助力を与えることである．この保証を与えるのは，カントによれば「偉大な技術者である自然」にほかならない．自然には「人間の不和を通じて，人間の意志に逆らってでもその融和を回復させるという合目的性」が見て取られる．ただし，この合目的性を，われわれ人間は認識するのでもなければ推論するのでもない．「われわれは（…）その可能性を人間の技術的な行為との類比に従って理解するために，それをただ補って考えることができるだけであり，またそうせざるをえない」（VIII 360-361）.

「偉大な技術者である自然」が，永遠平和を実現するために努力する人間に助力を与える，ということである．つまり，人間の理性は永遠平和を目的としているが，自然もそれを目的としており，人間理性の目的と自然の目的は一致している，というのである．

「自然の目的」とは，「人間の技術的な行為との類比」に従って自然を理解するために自然が目的をもつ可能性を「補って考える」だけであり，自然が目的をもっていることをわれわれは認識するのでも推論するのでもない．われわれは，自然が目的をもつことも，その目的の内容も，客観的な知識として知ることができるわけではなく，それをいわば人間との類比によって想定することができるだけである．これは『判断力批判』で論じられる「目的なき合目的性」に通じる思想である．

さて，カントは自然の摂理の筆頭に，こともあろうに戦争を挙げる．自然は，人間が地球上のあらゆる地域で生活することができるように配慮し，戦争によって人間をあらゆる場所に駆り立て，そこに住むようにした．そして，やはり戦争によって人間を何らかの法的関係に入るように強制したというのである．「……こうして人間は，道徳的によい人間になるよう強制されるわけではないが，よい市民になるようには強制されるのである．国家を樹立するという問題は，

どんなに困難に聞こえようと，悪魔の民族によってすら（悪魔が知性をもってさえ
いれば）解決が可能であるはずである……」(VIII 366).

　ここでカントはまるでホッブズのように語っている．利己的な傾向性による
衝突を回避しようとして人間は国家を設立し法治状態に入る，つまり自己利益
を守りたいという人間の自然的な傾向性に基づいて法治状態が成立する，と言
うのである．カントの国家論の根底にある道徳的義務としての「根源的契約」
の思想に矛盾しているように思われる．

　国際体制をめぐる自然の助力に関してもまた，戦争が引きあいに出される．
分離した国家が隣接しあっている状態は，諸国家連合によって敵対行為を予防
するのでない限り「それ自体すでに戦争の状態である」(VIII 367)が，それは
「生き生きした競争による力の均衡」(ibid.)によって平和を確保するための自然
の摂理だというのである．カントの国際法の概念に矛盾しているように思われ
る．

　さらに，世界市民法に関しても，カントは同じ調子で語る．世界市民法の概
念だけでは，暴力や戦争に対して諸国民の安全は保障されないだろうが，ここ
でもまた自然は諸国家の利己的傾向性を利用して諸国家を結び合わせようとす
る．商業精神がそれである．「……商業精神は，戦争と両立できず，また，遅か
れ早かれあらゆる民族を支配するようになる」．なぜなら「国家権力の下にあ
るあらゆる力（手段）のなかで，言うまでもなく金力がもっとも信頼できる力
であろうから」，そこで諸国家は「平和を促進するように強いられ」「調停によ
って戦争を防止するように強いられる」が「それは，あたかも諸国家がそのた
めに常設の連合に属しているかのようである」(VIII 368).

　たしかに，通商を通じて経済的に緊密な関係にある国家の間では，戦争によ
って生じる不利益のほうが大きく，戦争を避ける傾向があるだろう．しかし，
世界市民法という崇高な理念だけでは平和が実現できない，その不足を自然が
人間の利己的な傾向に訴えて「金力」で補う，とは，カントの主張と矛盾しな
いまでも，かなり異質な主張に聞こえる．

　このような主張をどう理解すればよいのだろうか．押さえておきたいのは

「第一補説」の末尾の一節およびその後の「付録Ⅱ」の一節である.

> このようなしかたで，自然は人間の傾向性そのものの機構を通じて，永遠平和を保証する．なるほど，このような保証には，永遠平和の到来を（理論的に）予言するのに十分な確実さはないが，しかし実践的見地では十分な，この（たんに空想的ではない）目的に向かって努力することをわれわれに義務づけるだけの，確実さはあるのである（Ⅷ 368）.

> 公法の状態を実現することは，たとえ果てしなく前進しながら近づくことしかできないとしても，義務であり，しかもそれを実現する希望に根拠があるとすると，これまで誤ってそう呼ばれてきた平和条約締結（実は休戦状態にすぎない）のあとに続く真の永遠平和は，けっして空虚な理念ではなく，われわれに課せられた課題であって，この課題は次第に解決され，その目標に（同等の進歩が起こる期間は，おそらく次第に短くなるから）絶えず近づくことになろう（Ⅷ 386）.

永遠平和の実現は，まずもって理性的である限りでの人間の義務であるが，自然は，理性的であると同時に感性的でもある人間の傾向を利用して，その目的の実現を促進しようとしているように見える．その点で，自然は人間の目的に一致しているように見える，これがカントの真意である.

　そして，自然もまた永遠平和を目的としているように見えるところからわれわれ人間が得るのは，永遠平和を樹立するという義務を果たす努力が無駄ではない，という希望である．自然の助力の想定は，いわば希望の論理にほかならない．しかし，そのような希望を敢えて語らなくてはならないということは，カントが永遠平和の実現の難しさを自覚しているということでもある.

　この理想主義者であると同時に現実主義者でもあるカントが直面する難問を，フィヒテは易々と乗り越える．先述のように，フィヒテが，カントの法論とその集大成である『永遠平和』を道徳論と断絶したものと見ているからである．その観点からすれば，戦争や商業精神などの感性的傾向性に基づく人間の行為

によって法治状態が成立すること，すなわち自然の機構によって法治状態が成立することには何の問題もない，いやむしろそれで当然なのである．

## 注

(1) フィヒテ「カント『永遠平和のために』論評」からの引用はバイエルン学術アカデミー版全集，第一系列第三巻の頁数で示す．訳文は『フィヒテ全集』第六巻（哲書房，1995年）所収の杉田孝夫訳によるが，主に引用者の所論との整合性を保つために，引用者の判断で直したところが若干ある．訳者による訳注と解説にはテクスト読解に当たって大いに助けられた．

(2) 拙著『どうすれば戦争はなくなるのか──カント『永遠平和のために』を読み直す』現代書館，2019年参照．

(3) 大会当日のテクスト研究では，もう一つの論点として権力分立論を取り上げたが，本稿では紙幅の制約上割愛する．カントの権力分立論に関するフィヒテの理解の的確さが印象的であり，また，「人民」と「臣民」を区別し，臣民は臣民である限り国家に抵抗できないが，国家の執行権力の不正は人民にしか判定できないから「監督官」が執行権力を弾劾するために人民を招集する，というフィヒテ独自の考えはたいへん興味深い．

(4) 以下，カントからの引用はプロイセン学術アカデミー版全集の巻と頁数で示す．ただし『純粋理性批判』からの引用は第二版（B版）の頁数で示す．

(5) 以下の論述は次の拙論に基づく．「カントに政治哲学があるか，という問いをめぐって」『思想』2018年11月号，岩波書店．

(6) 以下の叙述は前掲の拙著『どうすれば戦争はなくなるのか──カント『永遠平和のために』を読む』現代書館，2019年，第3章，第4章に基づく．

## 付記

本稿は日本フィヒテ協会第36回大会（2020年）の「テクスト研究」のために書かれ，大会当日の討論を経て書き直されたものである．「テクスト研究」の企画・司会を務められた杉田孝夫氏，もう一人の提題者であった熊谷直人氏，討論に参加してくださった会員諸氏に感謝申し上げる．

【テクスト研究】　　カント『永遠平和のために』論評

# 政体論の発見
——フィヒテはカントの『永遠平和論』をどう読んだか——

Die Genese der Fichteschen Verfassungslehre:

Fichtes Interpretation von Kants „Zum ewigen Frieden".

熊谷英人

Hideto KUMAGAI

　政治学史の伝統において,「政体」（πολιτεία / constitution / Verfassung）はもっとも重要な概念のひとつである．過去の政治理論の多くはまさしく「善き政体」をめぐって紡がれてきたわけであるが，それらは古今にわたる無数の政体の収集・分類・評価を前提とせねばならなかった．政治学の基本的な枠組が形成された古代ギリシアの事情は，このことをよく証するといってよい．紀元前5世紀中葉にはすでにヘロドトスが，君主政・貴族政・民主政の利害得失をめぐる（おそらくは架空の）論争を記録している[1]．さらにその後，紀元前4世紀になると，「政体」はポリスの法や習俗を左右する根本要因であると理解されるようになった．イソクラテスもいうように「政体はまさしくポリスの魂であり，身体における賢慮と同程度の力を有するのである」（ἔστι γὰρ ψυχὴ πόλεως οὐδὲν ἕτερον ἢ πολιτεία, τοσαύτην ἔχουσα δύναμιν ὅσην περ ἐν σώματι φρόνησις）[2]．同世紀における古典的政治学の完成者，プラトンとアリストテレスの政治学的思惟が「政体」概念を軸に旋回したことは何ら偶然ではない．

　このようにみてくると，初期（イェナ期以前）フィヒテの「政体」概念に対する無関心はそのまま，政治学的思惟の未成熟の反映とも読める．実際に『フランス革命について公衆の判断を是正するための寄与』（1793年，以下『フランス革命論』）をはじめとする当時の作品群には，身分制社会に対する清新な批判精神が横溢しているとはいえ，イェナ期以降の作品と比べると論理の堅牢さや分析精度の点でやや見劣りがすることは否めない．これは後世の研究者のみならず，

同時代の批評家たちも共通して懐いた印象といってよいだろう．気鋭のカント主義者として出発し，宗教論と道徳論に生涯の課題を見出していた当時のフィヒテにとって，「政体」は主たる関心事ではなかったのである．さしあたり「政体」を一定の権力力学にもとづく政治権力の制度化と定義するならば，当時のフィヒテの「政体」への無関心は権力現象の軽視を意味していたといわねばならない．したがって，フィヒテがみずからの政治学的思惟を深化させるためには，まず確固たる政体論を構築する必要があった．そしてこの点で決定的な役割を果たしたのが，カントの『永遠平和論』（1795 年）との邂逅にちがいなかったのである．

## *1*　『永遠平和論』の政体論

　カント本人の政治学的思惟にとっても，『永遠平和論』は重要な位置を占めている．この著作でカントははじめて，みずからの政体論を明らかにしたからである．無論，カントは同書公刊以前にも政治論に関心をもち，歴史哲学的な視点から国家を論じてきた．ただ，そこではいまだ政体論に関して曖昧な態度がとられていた．ゆえにフィヒテを含む同時代の人びとは『永遠平和論』においてようやく，カント哲学に立脚する政体論に出会うこととなったのである．[3]

　そこでカントはルソーの『社会契約論』（1762 年）における政体論を踏襲し，政体を分類するさいに二重の基準をもちいている．[4]

　　国家の形式は，最高権力を保持している人間の数か，統治者——それが誰であれ——による人民の統治方法によって分類することができる．最初の分類は支配形式 Form der Beherrschung というもので，そこでは三つのみが可能である．つまり，政治社会を構成し，支配権力を有する人間が，ひとりか，少数集団か，全体か，である（それぞれ，君主権力による君主制，貴族権力による貴族制，人民の権力による民主制となる）．第二の分類は統治形式 Form der Regierung であり，憲法（一般意志の行為であり，それによって人間集団は〔集合的存在としての〕人民となる）にもとづいた，国家が支配権を行使す

る方法に関するものである．この関係において，統治形式は，共和主義的
か，専制的かである．共和主義とは，執行権（政府）の立法権からの分離と
いう国家原理を指す．専制とは，国家がみずからにあたえた法律をみずか
ら執行する国家原理，すなわち，統治者によって私的意志としてあつかわ
れる公的意志にほかならない．（カント『永遠平和論』）

　カントによれば，政体分類の基準には，アリストテレス以来の統治権保持者
の数（「支配形式」）による分類のほかに，執行権の立法権からの分離という基準
（「統治形式」）があるという．そして，後者の方が，政体の善悪を判断するうえ
で前者よりもはるかに重要なのである．カントは，こうした執行権の立法権か
らの分離を「代表制」と定義する．「代表制的 repräsentativ ではないあらゆる
統治形式は本来的には畸形 Unform である．立法者が同一人格において，同時
にみずからの意志の執行者でありえてしまうからである」．また，カントにと
って，立法権は社会契約の主体である「人民」Volk に属するため，「代表制」
は執行権の「人民」からの分離といいかえることもできる．このように，カン
トの「代表制」概念は通常の語法と異なり，代議制（議会制）とは一切関係がな
いのである．

　ここから，「民主制」Demokratie に対するカント特有の評価が帰結する．立
法権から執行権が分離されていれば，すなわち「代表制」をそなえてさえいれ
ば，その政体は「共和主義」Republicanism である．逆に「人民」の自己統治
——「人民」が立法権と執行権の両方をみずから行使する——としての「民主
制」は，「専制」Despotismus の烙印を押されることとなる．「民主制において
は全員が支配者たろうとするがゆえに，代表制の精神に沿った統治形式を採る
ことができないからだ」．つまりカントにとって，「君主制」や「貴族制」は
「共和主義的」でありうるのに対して，「語の本来の意味における民主制」はつ
ねに「専制」，つまり悪しき政体なのである．「いわゆる古代の諸共和国はひと
つとして，この代表制を知らなかった．そしてこの点について，まさしく専制
へと解体せねばならなかった」．

　民主政に対する低評価とは対照的に，カントは「君主制」をもっとも優秀な政体として評価する．「君主制」において，執行権保持者は君主ひとりであり，「代表制」の条件を満たしている．カントにとって，「共和主義」と「君主制」は矛盾しない．それどころか，「君主制」はもっとも「代表制の精神」に適合的な政体である．

　　ほかのふたつの政体〔＝君主制と貴族制〕は，専制に陥りうるという点で欠陥があるけれども，にもかかわらず，代表制の精神に沿った統治形式を採る——たとえば少なくとも，フリードリヒ二世がみずから，国家第一の下僕と名乗ったように——ことは可能である．これに対して，民主制においては全員が支配者たろうとするがゆえに，代表制の精神に沿った統治形式を採ることができないのである．それゆえ，以下のようにいうことができる．つまり，支配者の数が少なければ少ないほど，国家権力の代表の度合いは高まり，一層，共和主義の可能性に適するようになる．そして，漸進的な改革を通じて，最終的には完全な代表制に達することを望みうるのである．こうした理由から，この完全に合法的な唯一の政体に到達することは，貴族制にとっては君主制以上に困難なのであり，民主制にいたっては暴力革命以外の道を通ってそこに到達することは不可能といってよい．[5]
　　（カント『永遠平和論』）

　カントはルソーと異なり，「人民」が人民集会において立法権を直接行使すべきとは考えない．たしかに根源契約によれば，立法権は「人民」にのみ属する．だが，この根源契約はあくまでも，純粋理性の理念にとどまる．つまり，実際に「人民」が必ずしも直接に社会契約をむすんだり，立法する必要はなく，統治者は「そうであるかのように」統治せよ，ということである．[6]現実には絶対君主が立法権と執行権の両方を握っているとしても，立法権が「人民」に属している「かのように」立法し，執行しさえすれば，それはすでに立派な「共和主義」なのである．カントはいわば，ルソーの理論を換骨奪胎し，「君主制」の現実とすりあわせたのである．

## **2**　フィヒテのカント政体論解釈

　以上のカントの政体論は，フィヒテ政治思想の形成過程において重要な位置を占めている．フィヒテは1795年10月に出版された『永遠平和論』の書評を年内に執筆し，翌年1月，『哲学雑誌』上に掲載した．それ以前からフィヒテは知識学の原理にもとづく法論の彫琢に余念がなく，その最終的な成果は書評掲載2か月後に公刊された『自然法の基礎・第一部』に結実することとなった．フィヒテが『永遠平和論』に接したのはそのような時期なのである．⁽⁷⁾ここでは政体論に焦点を絞って「『永遠平和論』書評」を考察してみたい．⁽⁸⁾

　フィヒテは書評において，「永遠平和のための第一確定条項」――「各国家における政治体制は共和政的であるべきである」――の内容を要約したうえで，「書評者には，以上で提案された立法権と執行権の分離は必ずしも十分には規定されていない，少なくとも多くの誤解に晒されていると思われる」として，以下の注釈を加えている．

　　最高の権利法則 Rechtsgesetz は純粋理性によって与えられている．それは，各人は自分の自由を，ほかの他者全員も自由でありうるように制限するというものである．各人の自由がどの程度およぶかについて，すなわち最広義の意味における所有権については，社会契約当事者たちが取り決めねばならない．権利法則は単に形式的なもの――各人がみずからの自由を制限すべきである――であり，具体的な内容――どの程度，各人が自由を制限すべきか――を含むものではない．当事者たちはこの権利法則について合意せねばならない．もっとも，各人がその点について何らかの宣言をなすことを，権利法則はもとめるのではあるが．あらゆる可能な刑法に関する最高原則も同様に純粋理性によって与えられている．その内容は，各人は他人の自由を毀損しようとするちょうど同じ分だけ，自分の自由をも危険に晒さねばならない，というものである．だから，国家に統合される人口，彼らが占有する領域，彼らが従事する諸々の職業分野はつねに，彼らが樹立する国家のために実定法 positives Gesetz を与える．そうした〔国家に関

する〕情報がありさえすれば，特定の実定法を制定することは誰にでもで
きるのである．〔中略〕社会契約当事者たちはみずから直接に法的強制力を
執行してはならない．なぜなら，そうすることで彼らは，自分が当事者で
ある案件について裁判官となってしまうわけであり，それは許されていな
いからである．したがって，社会契約当事者たちの集団は法的強制力の執
行をある特定の個人，あるいは特定の集団に委託せねばならないのであり，
この分離によって彼らははじめて「人民」Volk（Plebs）となるのである．
この政府〔=「執行権」〕gewalthabendes Corps は，まさしく権利法則に合致
することを執行するという点でのみ拘束される．この政府は権利法則の実
現に責任を負うのであり，ゆえに権利法則を個別案件に一般的かつ特殊的
に適用することについては当該政府に正当にゆだねられているのである[9]．

　以上の引用からもわかるように，カントの「立法権」をめぐるフィヒテの理
解は独特である．カントによれば「立法権」こそが，公権力の本質をなすので
あり，ゆえに集合的存在としての「人民」に帰属せねばならない．ところが，
フィヒテは，カントのいう「立法権」を抽象的な「権利法則」として解釈する
のである．フィヒテによると，政治社会の目的は，「純粋理性」によって演繹さ
れた「権利法則」——複数の人間が平和的に共存するために，相互に自分の権
利を自己制限する——の実現である．ただし，「権利法則」じたいはあくまで
も「形式的」な抽象的原則にとどまるため，「具体的」な内容を欠いている．し
たがって，実際の適用にさいして，権利法則を個別の「実定法」へとそのつど
具体化する必要が生じてくる．この「実定法」の制定を一手にゆだねられるの
が政府，すなわち「執行権」というわけである．

　しかもフィヒテがここでいう「執行権」の権能は，ルソーやカントの場合の
ように，立法権によって定立された「実定法」の執行にとどまるものではない．
ここでの「執行権」は「権利法則」の実現という唯一の縛りをのぞいて，実質
上，無制限の権力を有している．つまり，「執行権」は「権利法則」という根本
原理を解釈し，個別具体的状況に適用する権力，すなわち「実定法」の制定権

を独占し，さらにみずから制定した「実定法」を執行するのである．この点については『自然法の基礎』で詳述されている．それによると，社会契約で定立された「広義の執行権」は，「実定法」の立法，「実定法」の執行（「狭義の執行権」），司法権の三権を包摂する強大な権力にほかならない．こうした「執行権」の定立をこそ，フィヒテは「代表制」Repräsentation とよぶ．したがってカントと同様に，フィヒテの「代表制」概念もまた代議制（議会制）とは無縁なのである．以上からもうかがえるように，フィヒテは基本的に政治権力を分割し，相互に抑制均衡させるという発想——たとえば，政治学史において伝統的な「混合政体」論——に懐疑的であった．こうした姿勢は以後，終生にわたって変わらない(10)．

　さらにフィヒテの構想する政府に対しては一切の抵抗権が認められない．すでに「『永遠平和論』書評」でも，「執行権」は「最上級審」inappellabel であるがゆえに，「あらゆる私人は無制限に服従しているのであり，政府に対するあらゆる抵抗は反乱 Rebellion である」と断じられていた．こうしたフィヒテの政体論において，人民主権の原理はかぎりなく形式化せざるをえない．社会契約当事者は「執行権」を一旦定立したのちは「人民」ではなく，「単なる臣民の集団」と化すのであり，個人が「人民」を僭称することは端的に「反乱」を意味することになる．

　強大な「執行権」を牽制しうる唯一の制度的配慮というべきが，「監督官制」Ephorat である．監督官制の詳細な解説についてはこれまた『自然法の基礎』を待たねばならないが，すでに「『永遠平和論』書評」でも簡単に言及されており，基本的な枠組はすでに出揃っている(11)．つまり，監督官の役割は政府（「執行権」）の政策の理非を直接裁くことにあるのではなく，暴政の危険を察知したさい，「執行権」に対する唯一の「裁判官」たる「人民」を招集することにあるのである．すでにみたように，フィヒテの論理にしたがえば，一旦政治社会が形成されてしまえば，その時点で「人民」は解散し，「臣民の集団」へと変化してしまう．「臣民」はみずからの力で「人民」となることはできない．そこで「人民」を召喚する役割を監督官が担うというわけである．フィヒテは晩年にいた

るまで一貫して，民衆の直接的な政治行動を警戒しており，監督官制は民衆の政治意志の無軌道な発露を抑制するための苦肉の策と読むこともできよう．なお，監督官制はおそらくルソーの「護民府」論（『社会契約論』第四篇五章）から着想を得たものと推定されるが，シェイエスの「憲法陪審」構想をはじめとして，こうした調整権力構想は同時代の革命期フランスで盛んに議論されており，フィヒテが同時代の論争状況に通暁していた可能性は高い[12]．

　このようにしてフィヒテの政治構想の輪郭が完成する．それは，実質的に無制限ともいえるほどに強大な「執行権」をもつ政府と，それを牽制する監督官制の二頭体制であった．『自然法の基礎』のフィヒテは以上の政治体制を広義の「共和政」Republik とし，「執行権」の組織態様の別——ひとりの元首を戴く「君主制」か，君主を置かぬ狭義の「共和政」か——にかかわらず，すべて「正当」なものとする．逆に，それ以外の政治体制はすべて「専制」Despotismus として退けられる．カントにおける「支配形式」と「統治形式」の二重の政体論の影響は歴然であろう．カントにとっても，フィヒテにとっても，「君主制」は広義の「共和政」と矛盾するものではない[13]．また，「人民」の自己統治，すなわち「民主制」に対する否定的評価の面でもフィヒテはまったくカントの議論を踏襲している．すでにみたように書評でも「人民」の自己統治は許されておらず，とくに『自然法の基礎』では「人民」が直接「執行権」を握る「民主制」は必然的に「専制」に陥るとされるのである．このようにフィヒテの政体論はカントからの影響なしには考えられない．

　他方でこれまでみてきたように，フィヒテは決定的な箇所でカントとは異なる解釈を織り込んでいる．いうまでもなく，それは「執行権」の理解である．実質的に無制限ともいえる強力な「執行権」，およびその帰結としての監督官制をめぐるフィヒテの議論は，明らかにカント自身の意図を超えていた．実際にフィヒテの政体論はのちにカントが『人倫の形而上学』（1797 年）で示した政治構想——ルソーの政体論を基礎としつつ，立法・執行・司法の三権分立論がとられる——とは大きく異なっているのである[14]．

　冒頭でも述べたように政体論をもって政治学の核心とみるならば，政体論に

ついて曖昧な姿勢に終始していた『フランス革命論』からの飛躍は顕著である．
フィヒテはカントの政体論を土台としつつ，独自の解釈を施すことによってみ
ずからの政体論を編みだした．その意味で「『永遠平和論』書評」は小品とはい
え，政治学者としてのフィヒテの展開過程を把握するうえで無視できない重要
性を有しているといわねばならない．

### 注

(1) Hdt. 3. 80ff.

(2) Isok. 7. 14.

(3) GA I/3, 221.

(4) Kant, 1902ff., Bd. 8, 351-353.
    なお，ルソーとカントの政体論の比較については，熊谷，2017，134ff. を参照．

(5) Kant, 1902ff., Bd. 8, 352-353.

(6) Kant, 1902ff., Bd. 8, 298f.

(7) 書評の執筆背景については批判版全集の解説に負う．

(8) 『自然法の基礎』序文において，フィヒテは『永遠平和論』を「法論の基礎を完成した
    後」に読んだと語っている．問題はこの「法論の基礎」をどこまで見積もるかであるが，
    以下でみるように少なくとも政体論の部分に関しては，フィヒテはカントの叙述から大
    きく影響を受けたと推定することができよう．
    　なお，「『永遠平和論』書評」に特化した先行研究は少ないが，近年では新川，2010，
    栩木，2011 がある．

(9) GA I/3, 225.

(10) 『自然法の基礎』を中心とするイェナ期の政治構想については，熊谷，2019，123ff.

(11) GA I/3, 226.

(12) 監督官制およびそれと関連する諸論点については，熊谷，2019，144ff. を参照．

(13) この点についてはとくに，熊谷，2019，140ff.

(14) カントの政治構想全体については，網谷，2018 の理解に負う．

### 引用文献

I. Kant, Die Königlich Preußische Akademie der Wissenschaften. hg., *Kant's gesammelte Schriften*. 29 Bde. Berlin. 1902ff.

網谷壮介『共和制の理念――イマヌエル・カントと一八世紀末プロイセンの「理論と実践」論争――』法政大学出版局，2018 年．

熊谷英人「フィヒテにおける代表制と監督官——ルソー，カント，シェイエスとの比較から——」『明治学院大学法学研究』103 号，2017 年.

熊谷英人『フィヒテ「二十二世紀」の共和国』岩波書店，2019 年.

新川信洋「「永遠平和論論評」と知識学」木村博編『フィヒテ——『全知識学の基礎』と政治的なもの——』創風社，2010 年，所収.

栩木憲一郎「カントの『永遠平和のために』とフィヒテの書評」『千葉大学人文社会科学研究』23 号，2011 年.

【シンポジウム】　　フィヒテとロマン主義

# 「フィヒテとロマン主義」司会報告

Bericht des Moderators vom Symposium: Fichte und Romantik

大橋容一郎
Yoichiro OHASHI

　フィヒテ哲学の社会的影響といえば，1805 年からのナポレオン戦争期の中期思想がもっとも広く知られている．その一方で，1792 年の処女作出版以降の短期間に思想界に与えた衝撃的な影響については，なお不明な点が多い．今回のシンポジウムでは，特にワイマールやイエナを中心とした，1790 年代のイエナ・ロマンティカーのフィヒテ理解が検討された．当日のシンポジウムの際には，学会参加者に相応の知識が前提され，フィヒテ自身の初期哲学の発展史は省略された．しかし各提題者の議論はそれぞれに微妙な年代の相違を問題としているので，拙文ではその点を概観することで，提題者の議論の前半部分に繋げることを試みる．

　フィヒテはカントの理論哲学については以前から知っていたはずだが，三批判書に正面から対峙したのは，1790 年 8 月初めから翌 91 年 3 月までのわずか8 ヶ月間に過ぎない．しかもその半ば以上は『判断力批判』の解説書作りに費やされている．その後は同 91 年 8 月までの旅行と慌ただしいカント訪問や家庭教師職，92 年春の『あらゆる啓示の批判の試み』の刊行，翌 93 年には，フランス革命論の執筆刊行，結婚に関する旅行などが続いた．ようやく 1793 年秋に 3 ヶ月程度の時間を得て『エネシデムス論評』を執筆し，年末にデカルトと同じように炉端の部屋で「全哲学の新しい基礎」に開眼する．年明けの翌 94年 2 月にはすでに最初の『知識学の概念』(同年 5 月出版) の私講義を始め，4 月末にはイエナに向けて旅立っている．

　僅かな滞在期間を除けばそのほとんどが旅から旅という，カントとはまった

く対照的な，実に慌ただしい生活をフィヒテは送っていた．カント哲学に対峙してからわずか３年余の生活は，落ち着いて文献学的な精査に基づいた理論構築を行うのに到底足りるものではない．自ずとその思想展開は独自のものとなり，創造的思索をまとめ上げるのによほど強靭なエネルギーの集中と表現を要したことだろう．しかしそのわずかな期間にフィヒテは，「思索の深さ」，「情熱」，「洞察力の鋭さ」によってシラー，ゲーテ，シェリングやヘルダーリンを感服させた．その結果，94 年５月からはカント哲学の最も正統な後継者とされたラインホルトをも超える超越論哲学者として，イエナ大学で『全知識学の基礎』（前半は 94 年中に印刷）を講じることになる．また翌 1795 年には F・シュレーゲルやノヴァーリスに会い，「当代の偉大な形而上学者」として，本シンポジウム各提題者の論文で明らかになるように，彼らにも多大の影響を与えることになった．

　すべてが熱狂的と言ってもよいほどの慌ただしさをもつこうした歴史的事情には，いくつかの謎が含まれている．その一つは，フィヒテはカント哲学をどこまで理解していたのかという点である．フィヒテの初期知識学は，知としての世界の存立と構成を自我の根本原理から構成的に記述しようとする点では，カントに準じる超越論的根拠付け主義だった．同時に，その構成や記述の普遍的方法である「知識学」に超越論「論理学」を用いようとする点でも，カントと同様に論理主義的な立場を取っている．だがフィヒテは，物自体についての認識および記述を不可能とするカントが忌避した，超越論的自我原理の「実在的使用」を行い，結果的に自我原理およびそれに基づいて記述される世界を，意識の事実においては Ich bin Ich. は Ich bin. に等しいという，『全知識学の基礎』の第一根本原理の説明に端的に表れているように，認識領域から実在領域を含むものへと拡張した．実在の論理を「現象」の，しかも「認識」の論理に制限した「超越論的反省論」のカントからすれば，フィヒテの拡張は概念の使用場所を誤り，超越論論理の本質を二重に誤解したもので，以前の独断的形而上学への逆行でしかない．

　さらにカント自身は，経験一般の世界に対する悟性のカテゴリー的論理，理

念に対する非カテゴリー的な推論の論理，意志に対する充足根拠的な定言性の論理，反省的判断力の自由な主観的論理など，種々の論理性を慎重に分類して使い分けることを，超越論論理の独自の特質と見ていた．これに対してフィヒテの「事行」としての自我は，理論理性の対象認識と実践理性の意志や努力との一元化でもあり，超越論哲学の方法的な核心である論理性の厳密な区分を無視しているように見える．カントには我慢がならなかったであろう超越論論理のこうした拡張ないし統合の結果，たとえばシュレーゲルのフィヒテ評価は，小林信行氏の論にあるように「二乗化されたカント」である一方で，松岡健一郎氏の論にあるように「神秘主義」とも見なすという，混乱したものとなったとも言えるだろう．

　ところで「論理」という観点から見るとき，ロマン主義は感情主義や天才論，美感論などを含むにせよ，学術思想としては，一般に思われているような非論理主義や反論理主義ではないのは当然のことである．むしろカントのたんなる経験一般の世界の論理を超えて，プラトン以来の理念的な最高類概念を含む領域の論理，悟性を超えて構想力や感情の働きを含む論理，対象の事実的認識を超えて実践的な現実化，実在化の作用を含む論理などを目ざす，汎論理主義であるとすら言えよう．そのように論理を広義のものと見た場合，カントの「論理」概念とフィヒテの「論理」概念は，見かけ上の記述では類縁関係にあるようだが，実はまったく異なる性格をもっているように思われる．フィヒテの前任教授でありカント注釈者として名高いラインホルトを擁していた，1794年当時のイエナ・ロマンティカーたちにとって，カント哲学の超越論論理がもつ上述した慎重な批判主義的性格と，その限界を突破するフィヒテの論理の位相の本質的な違いは，容易に見て取れたことだろう．だがそうしたフィヒテの「論理」の特異性は忌避されるどころか，「思索の深さ」，「情熱」，「洞察力の鋭さ」など，いわば非論理的なあり方によってきわめて肯定的に受けとめられた．「論理」が「情熱」によって妥当化されたというのであれば，それはいかなる意味をもつのだろうか．

　さらに周知のように，1794年春からイエナで教え始めたフィヒテは，『全知

識学の基礎』講義のわずか2年後の1796年秋になると，早くも「新しい方法による超越論哲学の基礎」を予告して自らの論理の基礎を改訂しようとし，97年の『知識学への第二序論』では，自我原理における意識形成と行為遂行との統一原理を，「知的直観」に求めるようになる．自我による自我自身や非我の絶対的定立という論理と，知的直観における意識と行為の統一という論理とでは，位相がかなり異なってくるように思われる．イエナでのロマンティカーたちとの交流期間に生じたこの方向転換は，1798年以降になってシェリングの自然哲学や同一哲学が新たな思想潮流を形成し，影響を拡大してくることも含めて，フィヒテ知識学が周囲の思想家へ与えていた精神的影響にどのような変動をもたらすことになったのだろうか．

　この年代を少し詳細に見ると，若きノヴァーリスとシュレーゲルはいずれも，1793年末から95年初めにかけて公表されたフィヒテの「知識学」論に没頭して哲学研究を行い，その後，95年夏前後に相前後してイエナへ赴き，彼らにとっての「偉大な思想家」であるフィヒテとの出会いを果たした．しかしながらこのとき，彼らはフィヒテの知識学の論理内容をすべて受け入れて信奉していたわけではなかった．各提題者の論にあるように，すでに95年内にはシュレーゲルもノヴァーリスも，フィヒテの理論を批判し始めていたことが，資料によって知られるようになってきた．偉大な哲学者としてのフィヒテの人格とその思索の深さを尊敬することと，その知識学の理論を正しいものと見なすこととは両立していないのである．さらに，各提題者がこもごも取り上げているように，97年以降になるとシュレーゲルもノヴァーリスも，知的直観の原理へと移行しつつあるフィヒテの思想を見やりながらも，同年刊行のシェリング『自然哲学の理念』などの影響を受けて，フィヒテを超えて自らの思想を建築して行くことになる．

　さて各提題者の中で平井涼氏は，ノヴァーリスとフィヒテ哲学との関係を描き出す．対象となる時期は95年から96年と，98年から99年までの二つに分かれる．前者の時期は，ノヴァーリスがフィヒテに会い，「自分の精神を鼓舞する人物」と述べた時期にあたる．しかし平井氏の論によれば，この頃すでに

ノヴァーリスは,「一にして同一」であるはずのフィヒテの自我原理を批判し,前意識的な「自己感情」を原理として,構想力による「遊動」で知的直観にもたらされたものから論理的な分節化が始まると見なしている.平井氏の論の後半では,97 年以降のノヴァーリスのエンチクロペディ構想についてより詳細に述べられるが,これについては本論を俟つ.

　小林信行氏は,1795 年から 98 年におけるシュレーゲルのフィヒテ受容を詳細に検討する.95 年末にフィヒテに関する書評を企図したシュレーゲルは,美的「衝動」によって,カント哲学とフィヒテ知識学との統合を求めていた.その後,97 年に公表された書評でシュレーゲルは,カント哲学とフィヒテ哲学の差異と同一を巡る自らの考察が進歩を遂げたと自負する.このときすでに初期知識学から知的直観を重視する次の段階に入り,『第二序論』を公表していたフィヒテは,シュレーゲルの見解を自らの知識学の新方法への理解と見なして,好意的な応答と励ましを与えたとされる.小林氏の論の後半では,97 年以降ベルリンに移って以降のシュレーゲルの思想について論じられるが,これについても同氏の論をご覧頂きたい.

　松岡健一郎氏は小林氏と同じく,1797,98 年当時の,シュレーゲルによるフィヒテ像を取り上げる.シュレーゲルはフィヒテの初期知識学の理論構成を認める一方で,自我一元論の体系はいわば自我の内部で孤立したものと見る.外部からの介入によって自閉的な理論形成を行う知識学の試みは「神秘主義」であり,哲学からは区別されるという.フィヒテの自我がもつ絶対的自発性は,内的「自由」に依拠するのか,「衝動」に依拠するのか.シュレーゲルは,演繹不可能な外部にある絶対的偶然性という,論理外の神秘的モメントに拠る「衝動」の喚起を重視する.それは,シュレーゲルが造形した哲学者「フィヒテ」の思想とも言えるが,自我外の歴史的モメントなどが自我の運動に介入するというシュレーゲルの歴史主義とフィヒテの自由論とは,初めから本質的に背反していたと見ることも可能だろう.

　こうしてみると,イエナでのロマン主義とフィヒテ知識学との関係は,1793年から 95 年までと,95 年末から 97 年頃まで,さらには 97,98 年頃以降とい

うように，いくつかの時期を区分して考慮せねばならないようである．それは
94 年の事行論から 96 年の知的直観をへて 1801 年の遊動論に至る，知識学の
原理の変化の時期に相即しているように思われる．その相即は偶然のことなの
か，どちらかが先行して他に影響を与えたのか，あるいはまたフィヒテ自身が
ロマンティカーの一人として，共通の時代精神の中で原理を歴史的に再構築せ
ざるをえなかったということなのか．いずれにしても，知識学およびロマン主
義の思想潮流の発展史を知る上で，この短い期間中での彼らの思想変転を知る
ことは大きな意義を持っている．

【シンポジウム】　　フィヒテとロマン主義

# ノヴァーリスにおける反基礎づけ主義の哲学をめぐって
## Zur ‚antifundamentalistischen‘ Philosophie von Novalis

平井　涼

Ryo HIRAI

　本稿の課題は，F・シュレーゲルと並んで，イェーナ・ロマン主義における もうひとりの中心人物であるノヴァーリスが，どのようにフィヒテの思考と対 決し，独自の思考を形成するに至ったか，を描き出すことにある[1]。

　ノヴァーリスがフィヒテを強烈に意識しつつ，それとは異なるオリジナルな 思考を展開しはじめたのは，1795/6 年の『フィヒテ研究』においてであった． ほとんど同時期に展開されたヘルダーリンの思考とともに，最初の本格的なフ ィヒテ批判としての評価が定まっているこの膨大な手稿群は，ノヴァーリスの のちの思考の基礎を形づくるものでもあるため，本稿においてもさしあたって の検討が必要となる（第1節）[2]．しかし，本稿において，より多くの立ち入った 検討がおこなわれるのは，むしろ，98/9 年の『一般草稿』と呼ばれる手稿群で ある．フライベルク鉱山学校で獲得された当時の最新の自然科学の知見を背景 としつつ，自らのエンチュクロペディー構想を包括的に展開したこれらの手稿 群は，それ自身の重要性もさることながら，フィヒテからのさまざまな刺激や 影響の下に成立しているからである（第2節）[3]．

　したがって，本稿での分析はこれらふたつの時期を中心に展開されることに なる．そのうえで，双方の時期を一貫する思考の動機を「反基礎づけ主義」と いう主題のもとに見定めてみたい．むろん，こうした概念それ自体は多様な含 意を孕んでいるため，この概念がノヴァーリスにおいていかなる独自性を有し ているのか，が当然問題となるだろう．この点をめぐっては，以下の論述の展 開に即して，おのずと明らかになるようにつとめたい[4]．

# *1*　『フィヒテ研究』（95/6 年）をめぐって

　『フィヒテ研究』での思考の出発点となるのは自己意識の構造の分析である．しかし，その内実において，ノヴァーリスはフィヒテの思考と真っ向から対立することになる[5]．

　『全知識学の基礎』では，自我の自己定立と自己知の働きが無媒介に合一する「事行」に，それ自身で確実な第一原理が見出されていた．よりのちに，その実践的部門においてこの構造がふたたび捉え直されたとき，「自我は自己自身によって定立されたとして（als）自己を定立」（GA I/2, 406）すると，この自己知の働きがあらためて強調されている点は重要である[6]．だが，これに対して，「もうひとつの自我，あるいは，非我なしに，自我が自己自身を自我として定立することは可能だろうか」（NS II, 107, Nr. 5），という問いをノヴァーリスは投げ掛けている．要するに，客観として対象化された「もうひとつの自我」のうちに自己を映し出すのでなければ，自我の自己定立は不可能である，という主張が展開されているのである．

　上の問いにおいてノヴァーリスの念頭にあるのは，主観と客観の直接意識が成立しているはずの事行において，実際には，すでに両者の根源的な分離が内包されているのではないか，という懐疑にほかならない．このように，自己意識の働きが実際には主観と客観の分離を前提せざるをえない以上，一にして同一な自我はそこでは逸失されており，したがって，フィヒテが主張してやまない事行のそれ自身での明証性，または，確実性が疑念にさらされることになる．ノヴァーリスの思考のこうした出発点には，反基礎づけ主義的な発想がすでに明確に露呈している，と言えよう．

　とはいえ，『フィヒテ研究』でのノヴァーリスは，フィヒテの基礎づけ主義への単なる反措定ではなく，こうした批判意識に基づく独自の体系を構築しようとしていた．ならば，こうした体系の出発点はどこにあるのか．その主張によれば，こうした出発点とは「自己感情（Selbstgefühl）」（II, 113, 15）にほかならない．なぜなら，意識や反省においては対象化の働きが成り立ち，主観と客観の分離が介在してしまうため，この対象化の働きを免れる前意識的な自己感情

の側に，自我の同一性の直接的な把捉が求められねばならないからである．

　だが，このことは，体系の第一原理が別の地点へと置き換えられたという事実を意味しているわけではない．自己感情は，そうした第一原理であるために不可欠な，自己自身による明証性をいまだ有してはいない．なぜなら，単なる前意識的な状態のもとで自己自身を把捉しているにすぎない自己感情は，完全な対自性を確保しえておらず，これを獲得するためには，この自己完結した状態を超え出て，意識による対象化の働きへと移行せねばならないからである．それゆえ，「感情」と「反省」(II, 113f, 15) の両者が互いに連関することを通して，自己意識の一貫した運動が生起する必要がある．

　反省の働きは感情を対象化して，そこに自己意識の「客観」を生み出す．これと同時に，反省の側から，同じく自己意識の「主観」が生まれることにより，経験的自我が成立し，ここで初めて自我の対自性が確保される (II, 120, 22)．しかし，それによって，意識の運動が停止してしまうわけではない．こうして獲得された客観という「像」(II, 106, 2) のうちに，主観はさしあたり自己の同一性を見出すことに成功しえたものの，実際には主観と客観の分離がそこに介在している，という事実を自覚せざるをえないからである．こうした自覚を導くのが感情の働きである．なぜなら，反省とは異なり，意識以前的なものを捉える感情は，反省の主体であるがゆえに反省によって対象化されていない，この主観の存在を自覚させるからである．だが，こうした感情の側へと反省が向けられると，主観は対象化され，ふたたび客観となるため，ここから自己意識の更なる運動が展開される．ノヴァーリスに従えば，この絶えざる意識の運動こそが「哲学」(II, 117, 19) そのものの進展の過程にほかならない[7]．

　ところで，感情と反省のこうした関係を支える「第三のもの」(II, 114, 16) として，ノヴァーリスが「知的直観 (die intellectuale Anschauung)」(II, 116, 19) の働きを想定していることについても，ここで言及しておく必要があるだろう．感情と反省という異質な両者が結びつくためには，それらを超えた働きである知的直観がまずは両者を合一し，包括せねばならない．それゆえ，感情，反省，知的直観は，経験的意識の成立を可能にする三つ組の構造として想定されるこ

とになる．しかし，『知識学への第二序論』におけるフィヒテのように，自我の根源的な働きが知的直観のうちに見出されているわけではない．たとえ，知的直観が自我の同一性を直接的に把握しえたとしても，それが意識された瞬間に，実際には主観と客観の分離へと陥らざるをえないからである．感情，反省，知的直観の三者は，互いが互いを支え合う相互媒介的な関係のうちにあるものの，ともに絶対的自我の究極的な同一性には届くことがないのである．

　「理論的自我」と「実践的自我」(II, 148, 89) の関係が問題となる場合であっても，この点に変化はありえない．

　自己意識の客観のうちに，主観が一にして同一な自己を見出し，反省するとき，この主観は理論的自我となる．しかし，感情の働きによって主観が自らへ折り返されたとき，主観それ自身は反省によって対象化されていないため無制約であり，したがって，理論的自我は自由な活動を担う実践的自我をここに初めて発見する．こうして見出された実践的自我を反省し，対象化しようと，理論的自我は更なる対自化の運動を展開するが，こうした運動をそのつど方向づける実践的自我は，理論的自我にとっての「要請」(同上) として，「統制的」(II, 152, 106) に機能せざるをえない．その結果，理論的自我と実践的自我のあいだにも，互いが互いを必要とする相互媒介的な関係が確立されるのである．

　しかし，これら両者は，絶対的自我という「全体」(II, 153, 112) のあくまで部分的な契機であるにすぎない．それゆえ，実践的自我が理論的自我を限りなく駆り立てる意識の運動を，両者を包括するかたちで支えているのは絶対的自我であるとしても，これは決して意識のうちに現れることはない．それどころか，「自我とは単に経験的な概念である」(II, 154, 121) という論拠を背景に，この絶対的自我から自我という性格が剥奪され，ついには「神」(II, 143, 71) として捉え直される．こうして，「絶対者を自由意志により断念すること」(II, 269f., 566) が『フィヒテ研究』での最終的な結論となるのである．

　しかし，もうひとつの，より積極的な意義をもつ結論が存在することを忘れてはならない．それは構想力と反省の協働による「無限で自由な活動」(II, 270, 566) をより豊かに促進することである．

　実は，ノヴァーリスの見解では，構想力の「揺動 (Schweben)」(II, 266, 555) こそが意識の進展の運動のより根源的な制約である．そもそも，感情と反省という異質な両者が，これらを合一する知的直観という第三のものへと関係づけられるためには，構想力による媒介の働きを必要としている．これにより主観と客観の両極が初めて産出されるが，それだけでなく，感情と反省の運動を更なる進展へと駆り立てることで，主観と客観のあいだの交替の運動を新たに展開するのも構想力の働きなのである．その限りで，構想力こそが「われわれに与えられうる，唯一可能な絶対者」(II, 270, 566) にほかならない．

　『フィヒテ研究』では，自然を自我の側からどのように演繹するか，という課題がすでに試みられている．自己意識のたえざる運動の中から生み出された客観が，空間と時間という「直観形式」(II, 143, 71) のうちに現象することを通して，自然は成立する．その結果，自然はいまや多様な経験的事実を包括するものとして立ち現れる．したがって，自然的世界を構成する「多様なものの結合」(II, 269, 565)，すなわち，「全体化 (Verganzung)」(II, 270, 566) の過程を，構想力と反省の協働を通して推進することが，『フィヒテ研究』でのもうひとつの結論として提示されるのである．

　以上の議論において，重要なのは以下の三点である．初源の同一性としての自己感情はそれ自身での明証性をもたないために，第一原理としての要件を確保しえないこと，また，こうした自己の正当性を確保しうるためには，感情と反省，主観と客観，更には，理論的自我と実践的自我の交互関係に基づく証明を必要とすること，しかし，絶対者とは「統制的理念」(II, 252, 466) であるために，こうした証明の過程は無限の進展たらざるをえなくなること．

　これに加えて，自己の真理性を全体の連関において証明しようとする，このたえざる運動こそが哲学それ自体の進展の過程にほかならない．この事実があらためて留意されるべきであろう．フィヒテが提示する第一原理からの基礎づけを明確に拒否しつつ，ノヴァーリスはまずもって反基礎づけ主義的な哲学の構想を定礎しているのである．

## *2*　エンチュクロペディー構想の時期をめぐって（98/9 年）

　97 年をひとつの転換点として，ノヴァーリスは自然の問題をつぶさに考察しはじめる．こうした変化に伴って，『フィヒテ研究』での超越論的な問題設定から一歩踏み出し，精神と自然の相互運動が本格的に問われるようになる．

　とりわけ 98 年の半ば頃から，精神と自然のこの相互運動が三段階の過程として考察されるため，これらの過程をひとまず再構成してみよう．その第一段階は精神と自然の直接的な合一，すなわち，「カオス」（NS III, 246, 50）であり，これが分離し，両者がそれぞれ独立することにより，精神と自然が互いに交渉する第二段階へと発展する．そして，こうして分離した両者が完全な調和へと至り，再統一を遂げるのが第三段階である．初源のカオスが多様な発展の可能性を潜在した未分化な統一であるとすれば，それが自己外化を経て，ふたたび自己自身へと還ることにより，自らの潜在性を現実化し，そのポテンツを無限に高昇化するに至った第三段階は，「理性的なカオス」，または，「カオスの自乗，あるいは無限乗」（III, 281, 234）である，と見做される．

　この第三段階における最終的な統一が「神」（III, 250, 60）として規定され，それがここでも統制的理念として設定されていることから，もっぱら自我を対象とする分析であった『フィヒテ研究』での枠組が，98/9 年のエンチュクロペディー構想の時期に至ると，精神と自然の関係のもとで新たに組み替えられている，という事実が浮彫にされえよう．

　ノヴァーリスに従えば，フィヒテの知識学は精神と自然の直接態を考察する第一段階にとどまっている．ここから，そうした第一段階とは精神そのものの内部における自然との合一である，という事実が明らかとなろう．したがって，ノヴァーリスにとっての課題となるのは，フィヒテから一歩を進めて第二段階へと移行し，精神が自己自身から独立した自然とどのように関わるのか，を新たに問い直すことである．とりわけ学知の領域において，自然を構成する諸事実を精神の側がいかに総合するか，という課題が重要な意義を担うことになる．

　だが，これが意味するのは，ノヴァーリスがフィヒテの思考圏から完全に離脱したということではない．確かに，観念論と実在論の総合とはフィヒテとス

ピノザの総合でもあるがゆえに，ここには明らかな転回が生じてはいる（III, 382, 633；382ff., 634）．しかし，エンチュクロペディー構想の中核を形づくる，『一般草稿』と呼ばれる膨大な手稿群において，フィヒテに対する評価はむしろ相当に高いのである[8]．

### 2－1

　『一般草稿』でのフィヒテに対する言及は多岐にわたるが，哲学の体系，あるいは，これを基軸とする諸学の体系をいかに構築しうるか，という点で，ノヴァーリスはフィヒテからとりわけ重要な影響を被った．その際に有力なモデルを提供したのが，『知識学の概念，あるいは，いわゆる哲学の概念について（以下『概念』と略記）』という著作だったのである．

　この点で第一に着目されるべきは，「知識学は，真の，独立した，自立的なエンチュクロペディークである」，としたうえで，これを更に「学の学（W[issenschaft] d[er] W[issenschaften]）」（NS III, 249, 56）と定式化した記述である．こうした記述の背景にあるのは，「学一般の学」（GA I/2, 117）である知識学を基軸として，諸学の基礎づけを目指すフィヒテの構想である．『概念』でのこうした基礎づけ主義的な構想を，ノヴァーリスはさしあたり高く評価する．

　第二に，フィヒテの知識学で徹底した解明が目指されるのは「知性一般の必然的な活動の仕方」（I/2, 142）であるが，ノヴァーリスにおいては，知識学のこうした役割が「天才（Genie）一般を形成する学にして技，または，これを喚起する手段」（NS III, 258, 92）として独自に捉え直される．天才とは構想力と反省を生き生きと協働させる精神の働きである，と考えられるが，学の形成においても，こうした人間精神の創出性は不可欠だと見做されるのである．

　第三に，知識学ならびに他の諸学が「命題」によって構成されており，その限りで言語的な構造をもつ，という点にノヴァーリスは着眼する．「言語の理想的図式（Idealsprachschema）としての知識学」（III, 421, 783）という性格が強調され，言語や記号の操作に基づいて学の形成を推進しようとする構想が明確に現れてくる．

　こうした知識学の評価はさまざまな誤解や逸脱をも孕んでいよう．しかし，そうした逸脱をも引っくるめて，フィヒテの思考はノヴァーリスに重大な影響を与えたのである．とはいえ，こうしたフィヒテの構想を高く評価しながらも，その基礎づけ主義的な方法を拒否するノヴァーリスは，フィヒテに対して決して無批判であることはできなかった．ならば，ノヴァーリスにおいて，こうした諸学の体系化はいかにして実現されうるのか．

　まず，「自然におけるどの部分も自然の関数（Function）であり，その逆もまた妥当する」（III, 295, 313），という関係が自然的世界そのものにおいて成り立つとされる．だが，こうした構造に基づく自然的世界の秩序を，これに対応する学は正確に再構成する必要がある．「概念」と「対象」が，あるいは，「命題」と対象どうしの「関係」（III, 353, 507）が正確に一致し，照応することが学の真理性の成り立つ条件だからである．それゆえ，自然の「どの個々の部分に関する学もまた，自然に関する学全体の関数であり，その逆も妥当せざるをえない」（III, 295, 313）．要するに，自然的世界が関数化されているのに対応するかたちで，学そのものもまた，徹底的に関数化されて構想されるわけである(9)．

　こうした前提に立脚しつつ，別の箇所では，ノヴァーリスは以下のように自らの思考を展開している．「あらゆるわれわれの諸学は関係の学（Verhältniß Wissenschaften）である」．だが，「あらゆる学は単純な学に――単純な――総合する命題に――自我（Ich）に基づいている」（III, 56）．

　あらゆる諸学が「関係の学」であると定式化されているのは，学の対象となる多様な経験的事実を体系化するためには，これらの諸事実を必然的な規則によって結合し，関係づける操作が必要となるからである．だが，問題はそれだけにとどまらない．なぜなら，それぞれの学を構成する関係づけの規則が更に関係づけられることを通して，これらの諸学そのものが体系化されねばならないからである．このより高次の統一を可能にするのが「単純な学」，すなわち，哲学にほかならない．哲学は「自我」を，あるいは，精神をその対象とすることにより，そこに内在する必然的な法則から，諸学を統べるための，もっとも一般的な関係づけの規則を取り出すことができる．「知識学，あるいは，

純粋な哲学は，諸学一般の関係図式（das Relationsschema der W[issenschaften] überhaupt）である」(III, 378, 624)，と述べられている記述は，われわれのこうした解釈を十分に裏書してくれるであろう．

　いまや，おのおのの学が多様な経験的事実を関係づけ，体系化するとともに，これらの諸学を哲学それ自身がふたたび関係づけ，体系化する，という重層的な構造が浮彫にされえた．だが，こうしたノヴァーリスの構想は，その反基礎づけ主義的な思考とどのように折り合うのであろうか．

　それぞれの学において展開される経験的事実の体系化は，決して一挙に完成されうるものではない．むしろ，それはあくまで永続的な過程であるほかないし，これらの諸学を結合し，統一しようとする試みもまた，そうした漸進的な仕方によってしか可能とはならない．なぜなら，こうした過程を究極的に推し進めているはずの哲学が，第一原理からの基礎づけによってではなく，第一原理への果てしない遡行によってのみ駆り立てられているからである．ここから，哲学と，それによって総合されるべき諸学がともに歴史性によって拘束される，という事態が浮彫となる．こうした諸学の体系化は，その究極的な完成を統制的理念としつつ，永続的な歴史的過程のうちで自己を実現しなければならないのである．「真に哲学的な体系は哲学の純粋な歴史を包含せざるをえない」(III, 335, 463)．のみならず，こうした「哲学の歴史はあらゆる学の普遍的な哲学的歴史である」(III, 378, 623)，とも理解されうるのである．

## 2−2

　以上の論述を通して，エンチュクロペディー構想の基本的な枠組が提示された．ここからは，諸学の体系化の永続的な進展がどのように実現されるべきか，をより具体的に描き出してみよう．

　哲学の第一原理から出発するフィヒテに対し，ノヴァーリスにとっての出発点となるのは自然的世界を構成する多様な経験的事実である．したがって，まずは特定の学の内部で，これらのさまざまな事実を集積し，整理し，秩序立て，普遍的な関係規則としての命題や原理へと還元することが課題となる．このよ

うに自然的世界の秩序との明確な一致を図りながら，そこから取り出された経験的事実を体系化する運動は，それぞれの「学の自己批判（Selbstcritik）」，あるいは，「自己体系（Selbstsystem）」（III, 346, 487）である，と見做される．その結果として，これらの学の内部に形成された普遍的な命題や原理は，いわば「学の哲学」（同上）と命名されるのである．

　普遍的な関係規則としての命題や原理は，単なる固定された定式ではなく，絶えざる自己展開をおこなう学そのものの進展の規則である，と見做されうる．したがって，精神それ自身の進展の運動，すなわち，哲学の運動がそれぞれの学の内部で分有されることになる．もっぱらこうした理由に基づいて，こうした普遍的な関係規則は学の哲学と命名されているのであろう．

　だが，こうした進展の運動が展開されるのは，単にそれぞれの学の内部においてのみではありえない．こうしたそれぞれの学のあいだには，目下の段階では顕在化していなくとも，相互連関あるいは相互移行の関係が潜在しており，それゆえ，ひとつの学の内部における進展はこの相互関係を露呈させて，他の学の内部における進展へと波及し，更には，こうした連鎖は諸学の有機的な構造全体を巻き込んでゆくと考えられる．したがって，上に提示された学の進展の運動はそのまま諸学の体系化の運動へと直結するのである．

　究極的には，こうした学の進展の運動は哲学の運動そのものであるため，哲学こそが学を構成するもっとも普遍的な規則である，と考えられる．それゆえ，「学問性の最高の度は哲学と呼ばれる」（III, 347, 487）．諸学の体系の頂点に立つ哲学はそれ自体が「学一般の理想」（III, 385, 640）である，と規定される．より普遍的な原理を獲得することを目指す諸学の運動は，このもっとも普遍的な原理である哲学へと向かって収斂すべきなのである．それぞれの学の内部に潜在していた関係規則が漸進的に展開される，こうした一連の過程は「ポテンツの純粋な高昇化（reine Potenzirung）」（III, 346, 487）とも表現される．

　自然を構成する階層構造は，「度の理想」としての「神」を無限大とし，「微分的な度（Infinitcsimalgrad）」を無限小とする存在の連鎖を形成している（III, 362, 554）．したがって，こうした構造を再構成すべき学においても，その階層

構造は同じく連続性の原理によって支えられねばならない．「学はそのあらゆる部分の等級化（Gradirung）を通してのみ完成される」（III, 365, 569）のである．とはいえ，こうした連続的な階層構造はあくまで理念的なものとしてのみ想定されている．学の現実の進展においては，命題という言語的規則のさまざまな関係づけや展開を通して，その非連続的な分節化をより精緻にすることにつとめるほかない．個々の概念，あるいは，「言葉」が関係づけられることにより「命題」が，諸命題のさまざまな関係づけからは「学」が，更に，こうした諸学の関係づけによって「絶対的普遍学」が生み出されるという過程が想定され（III, 299, 333），言語や記号に基づく分節化がこうして完成へと導かれることで，哲学を最高の理想とする連続的な階層構造への接近が試みられるのである．

　しかし，注意すべきであるのは，こうした諸学の体系化の過程においては，実際には，ふたつの相異なる運動が生起するという点である．経験的な諸事実から普遍的な原理を「仮設（Hypothese）」（II, 668f.）として導き出す「ア・ポステリオリ」な運動と，この仮設的な原理から出発し，未知の特殊な諸事実を発見することを目指す「ア・プリオリ」な運動である（III 40f. ; III, 330, 449）．むろん，これらふたつの運動はたえざる試行錯誤の過程にとどまるため，暫定的な性格を有するにすぎない．しかし，両者がそのつど協働し，「ア・プリオリな方法とア・ポステリオリな方法の総合」（III, 58）が試みられることにより，経験の側と原理の側はともにその不完全性を脱却し，これらの運動の進展につれて次第に精緻化されることが可能となる．

　こうした進展の運動が成り立つのは，人間精神そのものの固有の構造に基づいている．なぜなら，たとえ反省以前的な仕方ではあれ，精神は学の統一の理念を先取することができるからである．こうした「予見（Divination）」（III, 250, 61）の働きに基づきながら，精神は，仮設として先取された理念へと経験的事実を整序し，組織化するとともに，新たな経験的事実を発見することを通して，この仮設としての理念の正当性を証明することを試みる．これら両極を揺動しながら，初源の未分化な統一を反省による完全な把握へと近づけてゆき，そこから有機的な全体を創出することを目指す．こうした精神の運動を駆り立てて

いるのは，究極的には「構想力」(III, 298, 327) の働きである．このような構造のうちには，『フィヒテ研究』以来の枠組がひそかに継承されているのである．

　以上の論述を総括しておこう．まず第一に，関係主義的な発想に貫かれた学問観である．原理は，それ自身によっては自己の正当性や真理性を確証しえず，経験の側へと適用されることで，こうした確証を獲得せねばならないが，経験の側も同じく暫定的な意義しかもちえず，原理によって支えられねばならない．更に，自然と学，あるいは実在と観念のあいだにも，こうした相互反照の関係が展開される．いずれの場合でも，一方がそのつど他方によって確証され，根拠づけられることにより，相互の連関のなかで証明が果たされねばならない．

　しかし，こうした絶えざる相互反照の過程は，必然的に，最終的な根拠へと向かっての無限な遡行であるほかない．その結果，諸学の体系化の過程のうちに時間性が導入されることにより，哲学は自らのうちに歴史の問題を取り込むことになる．これが第二の帰結である．

　最後に，経験の側と原理の側が相互に根拠づけられ，有機的な連関が形成される過程を通して，一と多の究極的な統一こそが目指されるべき理念（すなわち「神」）となる．多様な経験的事実が相互に関係づけられていればいるほど，全体の真理もまた明確なものとなるからである．

　したがって，諸学の体系化の運動は，垂直の方向においては，精神の運動のもっとも普遍的な進展の規則（「絶対的方程式」(III, 177)）である哲学へと向かって，水平の方向においては，さまざまな諸学が互いに連関しながら，普遍的な原理が多様な諸事実と総合される，あの一と多の統一へと向かって，それぞれ展開されるのである．むろん，こうした究極的な統一はたえざる完成のうちにあり，決してそれ自体として到達されうるものではないのだが．

　ノヴァーリスの最晩年に至っても，こうした諸学の体系化の構想そのものに変化は生じていない．以下に引用されるのは1800年の半ばに残された記述である．「さて，あらゆる諸学は連関している——したがって，哲学は決して完成されることはない．あらゆる諸学の完全な体系において初めて，哲学は真に目に見えるものとなるだろう」(III, 666, 605).

むすび

　本稿が目指していたのは，基礎づけ主義的な方法に立って，諸学の体系化の構想を打ち出そうとしたフィヒテに対し，その豊かなアイデアをさまざまな仕方で継承しつつも，むしろ反基礎づけ主義的な方法に依拠しながら，同様の構想を展開したノヴァーリスを対比することであった．

　こうした一連の論述において解明された，ノヴァーリスの反基礎づけ主義の特質とは何であったか．人間精神は，哲学に基礎づけを与える統一的原理を完全なかたちで把握することはできない．しかし，これを反省に先立つ仕方で，すなわち，感情や予見によって先取することは可能である．それゆえ，こうして先取された原理へと向かって，どこまでも反省を繰り返す，この飽くなき真理への意志に哲学の基盤を置くことが，あるいは，こうした意志そのものを哲学であると見做すことが反基礎づけ主義の内実なのである．

　もっとも，こうした循環の構造はフィヒテによっても共有されている．知識学によって探究されるべき対象は，人間精神のうちに「真理感」（GA I/2, 143, Anm.）として先取的に与えられており，これが現実に反省される過程を通してのみ，知識学の体系は形成されうるからである．[10] この点を鑑みれば，フィヒテとノヴァーリスの思考は複雑に交叉する面をも併せもつことになる．しかし，それ自身として確実な第一原理が体系の出発点として確保されるか，あるいは，こうした第一原理はあくまで統制的理念としてのみ設定されるか，という両者の相違はそれでもやはり重要な相違であり続けるだろう．

### 注

(1)　フィヒテからの引用は，J. G. Fichte: *Gesamtausgabe der Bayerischen Akademie der Wissenschaften*. Hrsg. von R. Lauth, H. Jakob und H. Gliwitzky, Stuttgart-Bad Cannstatt（Frommann）1962ff.（GA），ノヴァーリスからの引用は，Novalis: *Schriften. Die Werke Friedrich von Hardenbergs*. Hrsg. von P. Kluckhohn und R. Samuel, 3. Aufl., Stuttgart（Kohlhammer）1977ff.（NS）に依拠し，その巻数と頁数を，通し番号が記載されている場合にはこれをも適宜記した．なお原文の強調はすべて解除した．

(2)　ヘルダーリンのフィヒテ批判と，ノヴァーリスやF・シュレーゲルのフィヒテ批判と

の並行性をめぐっては以下参照. Manfred Frank: ›Unendliche Annäherung‹. Die Anfänge der philosophischen Frühromantik, Frankfurt am Main (Suhrkamp) 1997, S. 36-42.

(3)　フィヒテとノヴァーリスの関係をめぐって，もっとも包括的な論述を展開している先行研究としては以下参照. Bernward Loheide: Fichte und Novalis. Transzendentalphilosophisches Denken im romantisierenden Diskurs, Amsterdam (Rodopi) 2000. 本稿では，同書を踏まえつつも独自の分析を目指した.

(4)　ノヴァーリスの思考の核心をフィヒテの原則哲学からの訣別に見て取る先行研究としては Frank: 1997, S. 781-861 を参照. なお，F・シュレーゲルの思考を同様の背景のもとに理解する先行研究としては以下参照. Bärbel Frischmann: Vom transzendentalen zum frühromantischen Idealismus. J. G. Fichte und Fr. Schlegel, Paderborn (Schöningh) 2005, S. 140-161.

(5)　『フィヒテ研究』に関しては，以下の拙稿をも参照されたい. 内容的に重複する部分があり，本稿を補完するためにも役立つと思われる. 拙稿：「ノヴァーリス『フィヒテ研究』における関係論的思考をめぐって」[日本シェリング協会『シェリング年報』, 第27号, 2019, 71-80頁].

(6)　Wolfgang Janke: Fichte. Sein und Reflexion──Grundlagen der kritischen Vernunft, Berlin (De Gruyter) 1970, S. 193 [『フィヒテ──存在と反省─批判的理性の基礎 (上)』, 隈元忠敬他訳 (晢書房) 1992, 279頁] は，この「として」を「絶対的反省」と解釈し，『基礎』の核心をこの自己知の働きに見出している.

(7)　「第一手稿群」の前半部で試みられている「逆転秩序論 (Ordo inversus-Lehre)」に関しては，紙幅の都合上，本稿ではまったく言及できなかった. この点をめぐっては以下参照. Manfred Frank: Das Problem ›Zeit‹ in der deutschen Romantik. Zeitbewußtsein und Bewußtsein von Zeitlichkeit in der frühromantischen Philosophie und in Tiecks Dichtung, München (Winkler) 1972, S. 141-157.

(8)　ノヴァーリスのエンチュクロペディー構想をめぐっては，主に以下の先行研究を参照した. Helmut Schanze: Romantik und Aufklärung. Untersuchungen zu Friedrich Schlegel und Novalis, Nürnberg (Carl) 1966, S. 114-150；宮田眞治：「「創造する精神の構成論」としての「実験術」──ノヴァーリスにおける「諸科学のポエジー化」の問題──」[伊坂青司他編『ドイツ観念論と自然哲学』(創風社) 1994, 229-260頁]；Jürgen Daiber: Experimentalphysik des Geistes. Novalis und das romantische Experiment, Göttingen (Vandenhoeck und Ruprecht) 2001, S. 115-167；Jonas Maatsch: »Naturgeschichte der Philosopheme«. Frühromantische Wissensordnungen im Kontext, Heidelberg (Winter) 2008, S. 210-265；Remigius Bunia: Romantischer Rationalismus. Zu Wissenschaft, Politik und Religion bei Novalis, Paderborn (Schöningh) 2013, S. 73-105.

(9) 関数や解析学に代表される，ノヴァーリスの数学理解をめぐっては，今もって以下の
研究が有益である．Käte Hamburger: Novalis und die Mathematik. In: *Philosophie der
Dichter. Novalis Schiller Rilke*, Stuttgart（Kohlhammer）1966, S. 11-82.

(10) 知識学が原理的に抱え込む循環構造に関しては，筆者がとりわけ影響を被った以下の
先行研究を挙げておきたい．大峯顕『フィヒテ研究』（創文社）1976, 12-20 頁.

【シンポジウム】　　フィヒテとロマン主義

# 超越論的哲学から超越論的ポエジーへ
——フリードリヒ・シュレーゲルのフィヒテ受容（1795-98 年）——
Von der Transzendentalphilosophie zur Transzendentalpoesie
——Friedrich Schlegels Fichte-Rezeption in den Jahren 1795-98——

小林信行
Nobuyuki KOBAYASHI

## *1*　ドレスデンからイェーナを望むシュレーゲル

　フリードリヒ・シュレーゲル（1772 1829），この後世イェーナ・ロマン派のプロタゴニストと呼ばれることになった青年が，兄アウグスト・ヴィルヘルムとカロリーネの招きに応じて，イェーナに登場するのは 1796 年夏，24 才の時である．それに先んずる 95 年，当時ドレスデンに在って，古代文芸と近代文芸の歴史哲学的位相を論ずるこの時期の代表作を書き上げたばかりのシュレーゲルは，イェーナに在って，『哲学雑誌』Philosophisches Journal を創刊・主宰するニートハンマー宛に書簡をしたためている．すなわち，後者宛に送付済の前者の（カントの『永遠平和論』とコンドルセの『人間精神進歩史』に関する）書評二編に対するニートハンマーの当該雑誌への掲載の裁可を問い，可能ならば，シラーが『ホーレン』誌に連載中の「美的教育書簡」に対する書評，さらに，フィヒテの初期知識学に関する書評をも掲載したい旨の請願を記した 95 年 11 月 29 日付けの書簡である．当該箇所を原文で示そう．

> [I]ch erbiete mich zur Renzension des philosophischen Theils der Horen, und der *Grundlegung* von Fichtc, zusammen mit dem Grundriß und dem Begriff pp. （KA XXIII, 258）

ここに斜字体で示された Grundlegung は Grundlage の記載ミスと推測するし

かない．すなわち 94/95 年，聴講者に対する講義資料として出版された『知識学の基礎』である．後続の Grundriß（『知識学の特性綱要』1795）と Begriff（『知識学の概念』1794）については明らかであろう．

　察するに，シュレーゲルは兄アウグスト・ヴィルヘルムからニートハンマーのキャリアに関する情報を得ていたのであろう．すなわち，ニートハンマーはテュービンゲンのシュティフト出身であり，イェーナでカント哲学の造詣を深めつつ，フィヒテ 1792 年の『啓示批判』に関する研究で地歩を固め，カントの道徳哲学を，フィヒテの知識学から補完する新進のアカデミカーとして名を馳せていたのであり，95 年に彼が創刊した『哲学雑誌』には，96 年他ならぬフィヒテ自身が同人として名を連ねるのである．付言すれば，ニートハンマーはシュレーゲルが切望したにも関わらず，掲載を却下された『ホーレン』誌を主宰するシラーとも良好な関係にあった．[(2)]

　こうした諸事情を勘案すると，既にドレスデンで上記代表作を脱稿し（95 年10 月），その巻末で，カントの実践哲学を補完し，完成化すべく歩武を進めるフィヒテに対して期待感に満ちたイメージを膨らませていた 23 才のシュレーゲルにとって，[(3)] 次なるステップは，兄アウグストが在任し，同所刊行の『一般学芸新聞』Allgemeine Literatur-Zeitung（以下 ALZ と称する）に対しても，『ホーレン』誌に対しても一定の発言力を持つイェーナへ移住し，あわよくばフィヒテその人の知遇も得て，同所の学術界にデヴューすることであり，その布石として，ニートハンマーに上記請願書簡を送付したことは当然の成り行きであった，というべきだろう．

　因みに，シュレーゲルはニートハンマーに対して 96 年 3 月にも書簡を送り，同上送付済の書評の帰趨について問い，[(4)] また「フィヒテの体系に関する私の考え」を，上掲前書簡とは別な形で公表したい旨を記している．かつまた，カントとシラーをテーマとする「美学と詩学の素描」を，『ホーレン』誌に対する書評に代えて，構想中である旨も伝えている．[(5)] この「素描」は実現しなかったが，「フィヒテの体系」に関するシュレーゲルの「考え」の表明は，ともかくも，イェーナで実現の運びとなった．すなわち，1797 年 3 月イェーナの ALZ 誌に掲

載された「ニートハンマーの哲学雑誌の最初の四巻に対する書評」Rezension der vier ersten Bände von F. J. Niethammers Philosophischem Journal における表明がそれである.

## **2**　イェーナで表明された
### 「フィヒテの体系に関するシュレーゲルの考え」

　ここまで述べ来ったように，95 年末ドレスデンで着想されたフィヒテの初期知識学に関する「書評」が，イェーナの ALZ 誌上で陽の目をみるまでかなりの年月が経過している．実はその間シュレーゲルは，当時のイェーナにおける哲学的布置状況と生成過程にある初期知識学の内的構造たる円環行程 Kreislauf を視野に収めて，自己の所信を大胆に粗描する二つの作品をイェーナ滞在初期（96 年秋・冬）に発表しているのである．そのひとつ，ヤコービの「ヴォルデマール」書評 Jacobis Woldemar においては，同時期に起草された哲学的断章草案（PhLj Bl II-16）とタイアップして，単一の根本命題から下降して直線的に哲学を構築するラインホールトの根元哲学に対して，哲学は二つの命題の中間に遂行さるべき「交互証明」Wechselerweis を根拠 Grund として構築さるべきことが主張され，またひとつの「ホメロス論」Über die Homerische Poesie においては，「中間に始まり」，円環行程を成して「中間に終わり」，この行程の相乗化によって「無限」への接近を志向するホメロスの叙事詩は，生成初期の知識学の精神と親和的である旨が示唆されるのである.(6)

　　「個人的に言えば，哲学は叙事詩と同様，常に中間に始まるのだ.」(AF-84)

　このような 98 年の断章は，上記「ホメロス論」が掲げたテーゼの再確認であろう．そしてかくいうテーゼこそ，それが推進力となって，「進展する総合的ポエジー」たる｜ロマン的ポエジー Romantische Poesie」は，「詩的反省 poetische Reflexion の翼に乗じて」，「叙述されたものと叙述するものの中間に動揺 in der Mitte schweben」する，と謳い上げる有名なアテネウム 116 番の断章の趣意へと発展するのである．だが，ここで詳細に立ち入る余裕はない.(7)

直ちに，97年3月ALZ誌上に表明された「フィヒテに対する私の考え」に対応する触りの箇所に注目しよう．該当箇所を原文で引用する．

> Der einzige Anfang und vollständige Grund der WISSENSCHAFTS-
> LEHRE ist eine *Handlung* : die Totalisierung der reflexen Abstraktion,
> eine mit Beobachtung verbundene Selbstkonstruktion, die innere freie
> Anschauung der Ichheit, des Sichselbstsetzens, der Identität des
> Subjekts und des Objekts. Die ganze Philosophie ist nichts anders als
> Analyse dieser einigen, in ihrer Bewegung aufgefaßten, und in ihrer
> Tätigkeit dargestellten Handlung (S.299-303*). Wer diese freie Handlung
> nicht zu handeln vermag, ist aus dem Umkreis der WISSENSHAFTS-
> LEHRE ausgeschlossen; (...).　　(KA VIII, 28; *NK)

ここがフィヒテ協会であるので，筆者が上の内容を縷々説明することは控えたい．上の事柄に関して『フィヒテ研究』には，創刊以来28年，会員諸兄による優れた研究の成果が蓄積されているからである．筆者の立場から若干のコメントを付すならば　――上の引用は『知識学の概念』と『基礎』の記述を若干髣髴させるが，畳みかけるように記されるフィヒテのタームの集積から浮上する全体の内容は，シュレーゲルのALZ書評におけるかくいう「表明」と踵を接して『哲学雑誌』第五，六，七巻に発表されたフィヒテの「第一序論」，「第二序論」，そして「知識学の新しい叙述」を予想せしめ，重なり合っていよう．

　但し，厳密に言えば，シュレーゲルが同上テクストを手にする以前に執筆された「表明」であることを考慮に入れると，フィヒテが1795年『哲学雑誌』第三巻（通算第12分冊）に掲載したVergleichung des vom Herrn Prof. Schmid aufgestellten Systems mit der Wissenschaftslehre（以下「シュミート駁論」と称す）の299-303頁（上記引用でシュレーゲル自身が挿入した『哲学雑誌』のS.299-303*；F-SW IIではS.443-446がそれに対応）の内容が投影されていることは紛れもない事実である．同箇所に先行する297頁（F-SW II, 442）は，「第二序論」における「知的直観」を予想せしめて興味深いので併せて引用する．

Jene Beschreibung nun: das Ich ist, was schlechthin sich selbst setzt, was Subject und Object zugleich ist, thut es nicht: sie ist eine blosse Formel, die dem, der sie nicht durch *innere, in sich selbst hervorgebrachte Anschauung* belebt, eine leere, todte und unverständliche Redensart bleibt. Es wird von dem Lehrling der Wissenschaftslehre *ein inneres Handeln* gefordert, jenes „zugleich Subject und Object seyn" wird von ihm gefordert, so dass er diese Identität in sich selbst finde. (F-SW II, 442)

ここに筆者が強勢した「内的な，自己内において生み出された直観」という表現は，「第二序論」にいう「自己意識を直接生じせしめる直観」，「自由な働き Handeln を可能ならしめ」，それによって「感性界と叡智界」の紐帯たらんとする「直観」，そして，そこからまた「知識学［の全体-NK］が立ち上がって」，二つの世界を通観しつつ，「無限」を志向する「直観」（F-SW I, 466-468），すなわち「知的直観」Intellektuelle Anschauung への（フィヒテによる）先行投企と筆者は読みたいが，如何なものであろうか.

　「シュミート駁論」に動機づけられたシュレーゲルの ALZ「書評」に対するコメントをもうひとつ追加する．それは，上記 297 頁直前の 296 頁 ＊ (F-SW II, 441) におけるフィヒテの記述をパラフレーズし，フィヒテに対して，1794/95 年以来封印された「哲学における精神と字句[(8)]」の一刻も早い再発表を促すシュレーゲルの想いを伏在させた以下の箇所に関する筆者の注記である.

Die Untersuchung der einzigen Erklärung: »daß *Kant* dieselbe Frage (von der F. [sc. Fichte] ausgeht) in ihrer ganzen Ausdehnung aufgenommen, sie beantwortet, und sie gerade so beantwortet habe, wie die WISSEN-SCHAFTSLEHRE tut« (S. 296˙); würde ein eignes Werk erfordern. (...). Möchte uns Hr.F. nur wenigstens seine *Theorie über Geist und Buchstaben,* die mit dem Innersten und Eigensten seiner Philosophic wesentlich zusammenhängen muß, bald mitteilen; (...). (KA VIII, 26; ˙NK)

　まだ埋もれたままのフィヒテの「哲学における精神と字句」に関する情報を
シュレーゲルはイェーナで96年頃（アウグスト・ヴィルヘルムもしくはフィヒテ自身
から）入手したのであろう．この「一連の書簡」が当時のシュレーゲルの関心
を惹き，再発表を促す上記願望的記述となった理由として以下の諸点が考えら
れる．──①「その1」に記したように，シュレーゲルはドレスデン在住時か
らシラーの「美的教育書簡」に対する書評やカント・シラーの美学思想に関す
る論考を構想していた．92年初の会見以来，ギクシャクとした関係にあったシ
ラーによって『ホーレン』誌への投稿を拒否され続けたシュレーゲルにとって，
他ならぬフィヒテもまた，自身の94年講義草稿に加筆して95年『ホーレン』
へ提出した同上論稿が，先輩格教授シラーによって慇懃に拒否されたことにあ
る種の親近感を抱いたこと；②フィヒテの原稿がシラーによって没にされた事
由は，そこに「美的教育書簡」の根幹を成す概念と相関するタームが多く記さ
れていた，すなわち，素材衝動と形式衝動を統合すべき「遊戯衝動」に対置さ
るべき「美的衝動」が提起されていたこと．だがシュレーゲルからみれば，カ
ントの二世界説の屋上に屋を架すかのごときシラーに対抗して，超越論的哲学
の原理から，「美的衝動」ästhetischer Trieb を理論的衝動と実践的衝動の根源
Grund と目標に設定して論陣を張るフィヒテの手法に魅せられていたこと；③
従ってシュレーゲルの期待感は　──フィヒテの営為によって──カント哲学
の精神をフィヒテの言葉（字句）を以って，あるいは，フィヒテ哲学の精神をカ
ントの字句を以って解釈してもらいたいと念ずる程にまで高まっていたこと[9]．

　このような裏事情を背景に執筆された「フィヒテに対する私の考え」を表明
する自身の「書評」の戦果について，シュレーゲルは盟友ノヴァーリスに次の
ように記している（1797年3月5日付書簡）．──　ALZ に発表されたばかりの自
分の「書評」の評判はママァだ．これはイェーナの「哲学劇場へのデビュー
作」だ．一年半前脱稿し，97年初頭刊行された自分の Studium-Aufsatz 巻末に
おけるカントとフィヒテの関係を巡る「支離滅裂な」表出に比べれば，今回こ
の「書評」によって，カント哲学とフィヒテ哲学の差異と同一を巡る考察に関
して，一定の進歩を遂げたことに満足している[10]．ニートハンマーはこの書評を

「理解するはず」だ，だが，フィヒテとなると判らない．（KA XXIII, 362f.）とこ
ろがフィヒテからは，シュレーゲルのかくいう ALZ「書評」に対して，早くも
『哲学雑誌』第五巻で好意的な反応が寄せられたのである．ほんの二ヵ月後で
あろうか．

　周知のように，「第一序論」，「第二序論」では，カント哲学の精神（とりわけ
超越論的統覚と定言命法）がフィヒテの批判的観念論の術語（字句）を駆使して解
明される．あるいは，独断論 Dogmatismus と観念論 Idealismus の相克を調停
する批判的観念論 Kritischer Idealismus を論ずる文脈に，カント哲学とフィ
ヒテ哲学の異同に関する論述が織り込まれている，とも言えよう．（F-SW I, 420,
444f., 472, 475, 478f., 489f., u.a.）この「第二序論」第 6 節において，知識学はカント
哲学の精神に適合するはずだが，カント哲学を理解したと自認する多くの識者
は実はそれを生半可に理解しているに過ぎない，という論陣を張る箇所に付さ
れたフィヒテの注記（F-SW I, 469）こそ――管見では――まさに高名なフィヒ
テが無名のシュレーゲルに贈った好意的な応答なのである．その注記を，後に
フィヒテの息子イマヌエル・ヘルマンが自編のフィヒテ全集刊行に際して追記
した人名とともに原文で引用する．

　　*）Der geistreiche Verfasser der Anzeige der vier ersten Bände dieses
　　philosophischen Journals in der A.L.Z., welcher gleichfalls zum Beweise
　　jener Behauptung auffordert†), verschweigt seine eigene Meinung über
　　die Uebereinstimmung oder Nicht-Uebereinstimmung beider Systeme; es
　　ist sonach von ihm in keiner Rücksicht die Rede.　†) Friedrich Schlegel.
　　（Anm. des Herausg. sc. Immanuel Hermann Fichte – NK）

この注記は，当該本文における Alle versichern（…）einstimmig das Gegenteil*)
と注記末における von ihm（sc. Schlegel）in keiner Rücksicht die Rede なる表現
を短絡的に結びつけて，フィヒテが「書評」を発表したばかりのシュレーゲル
を批判して突き放す論調で解釈される場合が多い．だが，シュレーゲルに軸足
を置く筆者の読み方は正反対となる．すなわち，管見では，若きシュレーゲル

はまさにこの注記に，フィヒテから一応の賛同とさらなる要請を汲み取ったのである．――つまり，「書評」に記された「フィヒテの体系に関する私の考え」(上記引用 KA VIII, 28, 特に die innere freie Anschauung der Ichheit; in ihrer Tätigkeit dargestellte Handlung) を読んだフィヒテその人が，シュレーゲルのフィヒテ理解は，「第二序論」をカヴァーするばかりか，知識学の精神の全体を覆うところまで到達したと読み取ってくれたこと，さらに，シュレーゲルに対して，カント哲学とフィヒテ哲学の差異性と同一性について，自己の所信を一層早く，かつ判明に，かつ公的に表明せよと檄を飛ばすフィヒテの心意を感じ取ったのである．このような檄文と理解されたフィヒテの同上注記は，「フィヒテは二乗化されたカント」であり，「知識学の新しい叙述」は「哲学の哲学」であると断ずるアテネウム 281 番が一般読者に公表される導因となったといえよう．以上，筆者の推察を交えて記した．

### **3**　ベルリンにおいて，フラグメントの形で表明された<br>フィヒテの体系に関するシュレーゲルの考え

　シュレーゲルはシラーとの確執が元で 97 年 7 月イェーナを去り，ベルリンへ移住，約二年滞在することになる．ベルリンでシュレーゲルは，「その 2」に記した一年弱のイェーナ滞在期にフィヒテから受けた精神的薫陶ないし刺激の数々をじっくりと反芻したことだろう．大都市ベルリンでは人材は豊富であり，発表機関にも印刷機関にも事欠かない．かねてからシュレーゲルの書評・論稿を多々掲載したライヒャルトが主宰する Deutschland 誌は，その過激な共和主義的傾向のため，プロイセン官憲から廃刊へ追い込まれた．だが幸運にも，姉妹誌 Lyzeum der schönen Künste の編集を任されたシュレーゲルは，健筆を振るって，1797 年秋 Kritische Fragmente 127 篇，いわゆる「リュツェウム・フラグメンテ」を発表することとなった．

　同断章集において注目すべきは，ソクラテスの弁証法 (弁論術) とフィヒテの弁証法 (自我と非我の交替関係) の類縁性を喝破し，「限定と非限定の不断の抗争に在って，前者を越えて無限に高まる情調 (Im Widerstreit des Bedingten und des

Unbedingten über alles Bedingte unendlich erhebende Stimmung)」を標榜する「ロマン的イロニー」を告知する 42 番と 108 番であろう．なお一層重要な断章は，シュトローシュナイダーが指摘する 37 番である．そこにおいては，『知識学の基礎』の要諦をなす「自己意識」Selbstbewusstsein の周航，すなわち，「定立」する行為と踵を接して発動する「反省」の活動が——「自己創造」，「自己否定」，「自己制限ないし規定」Selbstbeschränkung という弁証法的過程を通じて——円環行程 Kreislauf を成すことが大胆な筆致で粗描され，それ自体が，芸術家の創造行為 künstlerisches Schaffen に対応するのである．(12)

　翌 1798 年復活祭時，シュレーゲルは兄アウグスト・ヴィルヘルムと共同で『アテネウム』誌を創刊．(13) ここに初めてシュレーゲルは，シラーの『ホーレン』誌に対抗して，自己の所信を表明しうる機関誌を手中にした，すなわち，もはや同誌の権威に気兼ねすることなく，自ら編集・出版する『アテネウム』誌で思う存分所信表明ができる地歩を築いたのである．この機関誌第 2 号（98年 7 月）に発表された Fragmente 451 篇，いわゆる「アテネウム・フラグメンテ」が「マイスター論」Über Goethes Meister と並んで，ロマン派の世界観のいわば綱領宣言たる役割を演じたのは周知の事実であろう．こうした訳合いで，本改訂版提題稿の「その 3」で最後にテーマ化すべきは，アテネウム 281 番と連動し，かつ「その 2」で瞥見した 116 番と通底する 238 番の「超越論的ポエジー Transzendentalpoesie」論を措いて他にない，ということになろう．

　かくいうアテネウム・フラグメンテ 238 番（以下本文でも AF-238 と略称）の冒頭三行には，「その一にして全が，イデアールとレアールの関係 das Verhältnis des Idealen und des Realen［そのもの］であり，哲学的専門術語の類推に従って，超越論的ポエジーと称されねばならない［であろう］あるポエジーが存在する」と記される．ここにいう「哲学的専門術語」とは，いうまでもなくフィヒテのそれ（transzendental）であり，同上記述の背景には，フィヒテが『基礎』以来絶えず繰り返し強調する以下が脈打っているのは明らかであろう．すなわち，「知識学は，断乎として，両体系［独断的実在論と独断的観念論］の中間に在り，かくして，批判的観念論なのである．それはまた，実在-観念論とも，あるいは，

観念-実在論とも称されよう.」(F-SW I, 281)

　因みに，シュレーゲルの補遺テクストには，概ね 1797 年以降，ここにいう「観念的 ideal」と「実在的 real」の対概念に拠って，カント哲学とフィヒテ哲学の異同を論ずる例が多い.[14] そして 97 年初頭，Studium-Aufsatz が出版された際にも，わざわざ新しい「序文」を付し，そこで同上対概念の「関係」を振り翳して，シラーの近作(「素朴文芸と情念文芸」Über naive und sentimentalische Poesie)を批判する体制を整えるのである. 原文で引用する.

> Nicht jede poetische Äußerung des Strebens nach dem Unendlichen ist sentimental: sondern nur eine solche, die mit einer Reflexion über das *Verhältnis des Idealen und des Realen* verknüpft ist. (KA I, 211; Kursiv von mir -NK)

従って，AF-238 後続三行は，シラーがいう「情念文芸の三ジャンル」に対する批判である.[15] つまりシュレーゲルはこの批判によって，フィヒテの「超越論的哲学」の精神を理解しないシラーが，「超越論的ポエジー」の理念を理解するはずもなく，せいぜいその「初心者」[16]に留まることを批判，というより，揶揄しているのである.

　これに対し，AF238 において，ゲーテはシラーと全く対極的な位置を占めている. 特にその『マイスター』について，ベルリンで表明されたイロニー論の見地から記された私的メモ[17]では，格別の評価が与えられていたことに注目しよう. すなわち，イロニーの息吹を呼吸する「マイスター」は，ソクラテスの哲学が「哲学の哲学」であると同様に，「ポエジーのポエジー」なのである，と. ここにいわば $\pi^2$ (二乗化されたポエジー) と $\varphi^2$ (二乗化された哲学) が揃い踏みするのであり，ソクラテスの哲学が AF-281 にいうフィヒテ哲学と重なり合っていることも既に自明であろう.

　AF-238 は末尾七行の以下を以って完結する. ——すなわち，「超越論的ポエジー」は，かくいうゲーテを近代におけるその推進者に奉じ，「芸術的反省を以って」，「その如何なる叙述行為においても悉く，叙述者[の精神]を共に叙述

し」,「至る処で同時にポエジーであり,ポエジーのポエジー」である.掉尾の表現が,フィヒテの哲学は「常に同時に哲学であり,哲学の哲学」(AF-281) というフレーズと物の見事に対応しているのは,シュレーゲルがそれを密かに意図した結果であろうか.

ここまで言及しなかった中間四行 (AF238 in KA II, Z.6-9) はフィヒテ初期知識学との関連が濃厚である.原文で示す.

> So wie man aber wenig Wert auf eine Transzendentalphilosophie legen würde, die nicht kritisch* wäre, nicht auch das Produzierende mit dem Produkt* darstellte, und im System der transzendentalen Gedanken zugleich eine Charakteristik des transzendentalen Denkens* enthielte:

引用文中の① kritisch* は AF-281 の同上表現の再浮上である.② das Produzierende – das Produkt* は,フィヒテの『基礎』における「構想力の動揺 Schweben der Einbildungskraft」論 (F-SW I, 217) の忠実な再現である.③ Gedanke-Denken* に関しては,それが「第二序論」(F-SW I, 454) に対応することを指摘しておきたい.つまり,シュレーゲルはフィヒテの知識学から受容した感銘深い事柄を,この中間三行に投入したのである.付言すれば,特に②が,*Ironie* <Id [ideal]—Re[real]> (PhLj IV-275) と欄外注記される「イロニーの動揺」論と相互に重なり合うからでもあるが.

スペースの関係でこれ以上詳しくは論じられない.最後にこの「超越論的ポエジー」を告知する AF-238 が,LF-37 に生起する「芸術的反省」をひとつの動因として起草された断章であり,同じく「詩的反省」をそれとする AF-116 と,結局は,同じモティーフ(フィヒテの超越論的批判的観念論)から起草されたことに読者の注意を促し,AF-116 から触りの箇所を引用して,本稿を閉じたい.──「ロマン的ポエジー」とは,すなわち,「叙述されたものと叙述するものの中間に在って,あらゆる実在的関心と観念的関心 [の一方に偏する立場] から自由に,詩的反省の翼に乗じて,中間に動揺する」ポエジーなのである.

**テクストと略号**

Fr. Schlegel のテクストは *Kritische Friedrich-Schlegel-Ausgabe*, hg. von E. Behler unter Mitw. von J.J. Anstett u. H. Eichner を使用. KA と略し, ローマ数字で巻数を, アラビア数字で頁数を記す.

KA II 所収の Lyzeums- und Athenäums-Fragmente は各略号 LF, AF に断章番号を直結して示す. 例：AF-216=Athenäums-Fragmente Nr. 216 in KA II, S.198f.

KA XVIII, XIX 所収の Philosophsiche Lehrjahre und deren Nachlaß は, 略号 PhLj, PhLj Bl に Heft 番号 (ローマ数字) と Notiz 番号 (アラビア数字) を直結して示す. 例：PhLj IV-275=Philosophische Lehrjahre IV. Heft, Nr. 275 in KA XVIII, S.217.

J. G. Fichte のテクストは *Fichtes Werke*, hg. von I. H. Fichte, fotomechanischer Nachdruck, Berlin 1971 を使用. 略号：F-SW.

**注**

⑴　Über das Studium der Griechischen Poesie すなわち Studium-Aufsatz と略称される論稿. 但しこの論稿が, 同時期の他の小論とともに, *Griechen und Römer* と題する三巻本として企画された第一巻として出版されるのは漸く 1797 年初頭のことである.

⑵　Vgl. Ernst Behler, KA XXIII, 480, Anm. 1) zum Brief Nr. 128.

⑶　こうした期待感を醸成したのはフィヒテの *Vorlesungen über die Bestimmung des Gelehrten* である. Vgl. dazu KA I, 357-358 und Schlegels Fußnote I.

⑷　その後の結果のみを記すと,「コンドルセ書評」に関しては, ニートハンマーの提言を受け入れて, 原稿を縮小, かつ, ニートハンマーの注記を併記する条件で『哲学雑誌』への掲載が認められ, 95 年その第三巻に掲載される. 一方『カントの平和論』に対する書評掲載は, 恐らくニートハンマーから見て, 余りにも過激な (シュレーゲルの) カント批判のため却下された. ——なお, シュレーゲルの『平和論』に対する書評は, 紆余曲折を経て, ライヒャルトによって拾われ, 後述する「ヴォルデマール」書評と「ホメロス論」と同様に, その Deutschland 誌に 96 年掲載されることとなった.

⑸　Zum obigen vgl. Schlegels Brief an F. I. Niethammer, Dresden 16. März 1796. KA XXIII, 291-292. Vgl. auch den Brief, Dresden 22. März 1796. Ebd. S.295-296.

⑹　田端信廣氏は近著『書評誌に見る批判哲学——初期ドイツ観念論』(2019 年) の第 7 章 (ニートハンマーの『哲学雑誌』とその ALZ 書評 1795-97 年) 233 頁において, 当時のニートハンマーのスタンスとシュレーゲルのそれとの「注目すべき類似性」をいみじくも指摘しておられる. だが, 同時に PhLj Bl II-16 を引用しながら, そこに見いだされる「哲学は, 叙事詩がそうであるように, 中間から始まる」という文言の出所には言及されなかった. 管見では, まさにそれが「ホメロス論」1796 年なのである.

⑺　上述の諸問題は簡潔には論じ尽くせない. 拙著 *Ästhetische Revolution und Phantasie*.

*Studien zu den ästhetischen und geschichtsphilosophischen Ansichten Fr. Schlegels bis 1800.* Berlin 2018, S.71-87, 90-102, 104 (PhLj II-133) を参照されたい．

⑻ Ueber Geist und Buchstab in der Philosophie. In einer Reihe von Briefen. この「一連の書簡」は，I.H. Fichte によれば，1794 年シラーの『ホーレン』に掲載予定であったが（F-SW VIII, ix），何らかの理由で拒否され，1798 年『哲学雑誌』の第 9 巻に掲載の運びとなった．

⑼　こうした期待感は上記引用中間の省略部に伏在している．田端上掲書 253 頁参照．

⑽　Studium-Aufsatz に関するこの間の記述は，筆者が Behler による注記 23（KA XXIII, 529）を膨らませたものである．

⑾　本稿「その 3」で言及すべきことの一端をここで前以て示す．シュレーゲルの AF-76: Die intellektuale Anschauung ist der kategorische Imperativ der Theorie は，フィヒテのまさにここの S.472 の記述（知識学にいう知的直観は，カントが第二批判にいう定言命法に対応）に対するシュレーゲルの側からの応答である．

⑿　上述事柄に関して Ingrid Strohschneider Kohrs: *Die romantische Ironie in Theorie und Gestaltung,* Tübingen ²1977, S.26-34 参照．――筆者としては，シュレーゲルが LF-37 の着想を *Grundlage der WL*, §5 における transzendentale Richtung bzw. zentripetale und zentrifugale Richtung わけても Der Begriff der Richtung ist ein bloßer Wechselbegriff (F-SW I, 273) を巡る論述から得ていることを指摘するにとどめたい．LF-37 及びそれと連動する LF-28 の全体的解釈は改めて別稿に記す所存である．

⒀　『アテネウム』誌創刊に至るまでの諸事情，特にシュレーゲル兄弟とシラーとの間に悪化する人間関係については，Ernst Behler: Athenäums. Die Geschichte einer Zeitschrift, Darmstadt 1980, S.9-12 参照．

⒁　Vgl. PhLj II-449, II-203, II-209 u.a.

⒂　Vgl. KA I, 209-211.

⒃　Vgl. Hans Eicnher（Hg.）: *Fr. Schlegel. Literarische Notizen*, Darmstadt 1957/1980, S. 116, Nr.1041.

⒄　PhLj II-75: Meister=ironische Poesie（wie Sokrates ironische Philosophie), weil es π π [Poesie der Poesie]. ――

【シンポジウム】　　フィヒテとロマン主義

## フリードリヒ・シュレーゲルにおける
## 「フィヒテ知識学の精神」とその射程

### Der „Geist der Fichteschen Wissenschaftslehre"
### und seine Reichweite in Friedrich Schlegel

松岡健一郎
Ken'ichiroh MATSUOKA

### *1*　問題の所在：「フィヒテ知識学の精神」の「フィヒテ」

　本稿は，2020 年 11 月 15 日に開催された日本フィヒテ協会第 36 回大会での
シンポジウム「フィヒテとロマン主義」で用いた発表原稿に加筆訂正を施し改
題したものである．同シンポジウムでは主に，1798 年の『アテネウム』誌創刊
に至るまでの時期のフリードリヒ・シュレーゲルおよびノヴァーリスがどのよ
うにフィヒテと対峙したのか議論された.

　シュレーゲルの断章群には「フィヒテ知識学の精神 Geist der Fichteschen
Wissenschaftslehre」と題された部分があり，この表題のあるページの欄外に
「1797 年から 1798 年」と記されている．以下，この断章群を中心にシュレーゲ
ルが「フィヒテ」および「知識学」をどのように論じたのかを見ていきたい.
執筆年代から考えるとこの断章群はシュレーゲルが 1797 年 3 月に『一般学芸
新聞』に発表した書評，すなわち「ニートハンマーの『哲学雑誌』最初の 4 巻」
についての書評などとも密接な関係をもって通底していることになる．私見に
よれば，これらのテクストにおいてシュレーゲルは伝記上の人物・実在の人物
としてのフィヒテについて述べようとしているのではない．実際にも，一連の
断章群のなかでシュレーゲルが実際のフィヒテのテクストのなかの文言に注釈
や解説を施した箇所はほとんどない．シュレーゲル自身が，「フィヒテは彼が
そうではないところのもの〔実際のフィヒテとは異なる虚像〕においてさえも関心
をそそる．彼ほどの大人物となるとまったくそうなのだ」（XVIII, 38, Fr. 218）と

書いている．ここでは実在の人物フィヒテではなく，シュレーゲルが造形した哲学者「フィヒテ」こそが問題なのである．

## *2*　フィヒテではない「フィヒテ」とその「狭隘」

　シュレーゲルによる独特な「フィヒテ」評価は，断章群「フィヒテ知識学の精神」だけでなく，シュレーゲルが私的なノートに書き連ねていった哲学断章群の多くの箇所に見出される．シュレーゲルは実際のフィヒテのテクストへの注釈や論評を意図しているのではない．例えば，シュレーゲルはフィヒテを「神秘主義者」と呼ぶ．明らかにそれは，宗教的あるいは思弁的な神人合一の思想という意味での神秘主義の思想家を意味しない．シュレーゲルがフィヒテを神秘主義者と名づけ，フィヒテの知識学を神秘主義と呼ぶとき，むしろそこでは自我の一元論を主張する思想が想定されている．シュレーゲルのフィヒテ批判を考察する際に忘れられてはならないのは，シュレーゲルが次のようにも記しているということである．「フィヒテは知識学を哲学と同一のものだと見做しているという点で反駁されねばならない．きっとこのことには神秘主義的な起源〔があるのだろう〕」（XVIII, 515, Fr. 104），そして「諸学問すべてが哲学的にすなわち批判的に論じられねばならないのなら，知識学といえどもそうされねばならないのにフィヒテはそれをしなかった」（a.a.O., Fr. 107）．このような問題意識のもと，シュレーゲルはフィヒテという哲学者に対し——自らが造形した「フィヒテ」観のもとで——対峙しようとしているのである．

　断章群「フィヒテ知識学の精神」のなかでシュレーゲルは，自我に対する非我の端的な反措定というフィヒテの思想を，「偶然的なもの」の反措定として読み替えて論じている．

　　絶対的に偶然的な何かを，自分たちにとって絶対的に必然的なものと並べて置く〔並存させて措定する〕ことは，〔フィヒテがそうであるように〕神秘主義者たちに特有のことのようだ．—— (XVIII, 31, Fr. 127)

　絶対的に偶然的なもの，〔すなわち〕絶対に演繹不能なもの，そして純粋に

　　経験的なもの，〔すなわち〕根源的に感じ取られたもの，これらはまったく
　　哲学的なものではないのであって，それゆえ哲学的に演繹され得るもので
　　はない．そういうものは自然学的な何かであるか，あるいは歴史学的な何
　　かである．ところが，かかるもの〔が存在すること〕の必然性は自我性の可
　　能性から導出されねばならないのである．──（XVIII, 31, Fr. 130）

　　絶対的に偶然的なものを措定することは，純粋で明白な経験主義ではない
　　のだろうか．──（XVIII, 31, Fr. 132）

既に述べたように，「フィヒテ」は経験論者ではなく「神秘主義者」である．そ
の神秘主義者の「知識学」においても，経験主義の場合と同様に「絶対的に偶
然的なもの」の措定は行われるが，いわば外部へと排除する仕方で排他的な反
措定として遂行される．
　　また，断章群「フィヒテ知識学の精神」とほぼ同じ時期に書かれた断章群
「思考録 Gedanken」には，次のような断章がある．

　　フィヒテの哲学には自我ではないのに自我から生じ，しかもだからといっ
　　て単なる非我であるわけでもない何かがやはり紛れ込んでいる．かつて
　　〔フィヒテの用語で〕衝き動かし Anstoß〔と呼ばれていたものは，〕今や根源的偶
　　然性〔と呼ばれるべきであり〕，〔それは〕物自体の如きもの〔である〕．──
　　（XVIII, 25, Fr. 83）

そのような「絶対的に偶然的なもの」，「根源的偶然性」はそもそも「まったく
哲学的ではない」ものなのであり，哲学でない別の学問の領野に属する．すな
わち，「そういうものは自然学的な何かであるか，あるいは歴史学的な何かで
ある」．シュレーゲルはそういう他の領野に属する偶然的な「何か」を，十分に
はとらえることができないところに「知識学」の狭隘を見る．「フィヒテ知識
学の精神」の断章番号 144 の断章では，「デカルト的道の狭隘」を問題にした
フッサールの指摘を思わせる主張がなされている．

〔フィヒテの〕知識学は，あまりにも狭隘すぎる．そこではフィヒテによって単に諸原理だけが演繹されるにすぎない，すなわち論理的な諸原理だけが演繹されるにすぎず，何ら諸原理すべてが演繹されるのでは決してなく，〔まだそこでは〕実践的な諸原理や道徳的な諸原理，あるいは倫理的な諸原理〔は演繹されていないのではないか〕．——社会，形成，ヴィッツ，技芸〔技術や芸術〕などもについてもまた，同じように権利がここでやはり演繹されねばならなかったはずだろうに．（…略…）〔だが，〕フィヒテの最初の概念からすれば，そのような限界規定はあまりにも広漠すぎるのである．（…略…）——やはりまた，大きな誤りは哲学と哲学$^2$〔哲学の自乗，哲学の哲学〕とが〔フィヒテの場合では〕十分には融け合わされていないことにある．言い換えれば，両者が個々別々に成り立っていることにあるのだ．——（XVIII, 32-33, Fr. 144）

この引用箇所の終わりにも「哲学$^2$」とあるように，しばしばシュレーゲルは指数の2を付した表記を用いる．そのように自乗を表す表記を用いる際にシュレーゲルは，意識に対する自己意識がそうであるような当のものそれ自身のなかでの自己内反照，それ自身の自覚のことを想定しているのであるが，しかしそれだけではない．それは「第二のポテンツにおいて」$^{(4)}$あることも表している．シュレーゲルは断章群「思考録」のなかで，次のようにも記している．

　　哲学はその発生からすれば，（一つの命題をもってしてではなく）無限に多くの命題をもってして始まらねばならない．——だが，哲学的経験主義の見方からすれば，かの〔無限に多くの〕個別的な行程すべてに対して〔対抗して〕客観的な観点が，しかも〔個別的な行程すべてを〕客観化する行程が存在せねばならない．——（XVIII, 26f., Fr. 93）

明らかにこの断章の前半では，何か単一の命題を立ててそこから派生的にその他の命題を導出していく仕方での哲学，したがって単純な自己還帰型の基礎づけ主義の哲学が，「無限に多くの命題」に第一の根本的命題としての資格を認

めることに対置され，相対化されている．但し，それは一見そう見えるのとは
異なって自己還帰的な基礎づけ主義の単なる否定ではなく，むしろそれを含め
た多種多様な「個別的な行程すべて」の独自性の擁護と解するべきである．そ
して，そのために必要となるものこそが「第二のポテンツ」における「論争」
の拮抗関係なのであり，本稿で後述する「エンチュクロペディー」の構想なの
である．

　自己内完結する，あるいはそれへ向かう傾向をもつ円環化の外部には，シュ
レーゲルが「絶対的に偶然的なもの」，「根源的偶然性」と名付けたものが残っ
ている．シュレーゲルによればその残存は，「フィヒテによって単に（…略…）
論理的な諸原理だけが演繹される」にすぎなかったことが原因で起こるもので
あり，知識学の「狭隘」によるものなのである．それゆえにこそ，ここで「フ
ィヒテ」の「論争」が独特な仕方で生じるのだとシュレーゲルは書いている．

> フィヒテは論理的な論争しかしないので，道徳的な〔道徳に関する〕論争や
> 美学的な論争を不当だと見做す．（XVIII, 35, Fr. 179）

> フィヒテは人々に対していつも長ったらしく，私は本来はあなたたちとな
> んて話をしたくないのだし，できもしないのだよ，と言っているのだ．
> ──（XVIII, 37, Fr. 200）

こういう「論争」によって，だが，ようやくはじめて自己内完結した神秘主義
者の内省は「第二のポテンツ」へと，すなわち「哲学の哲学」へと歩みを進め
る．知識学への理解を欠いた「人々に対して」，「彼」つまりフィヒテはまった
く非社交的で不寛容である．のちにシュレーゲルは「アテネウム断章」のなか
で，「理解と無理解とが接触すると，電気ショックが起こる．これが論争と呼
ばれるものである」（II, 216, Fr. 299）と書くことになる．この「理解と無理解」
の関係あるいは双方の中間領域こそは，断章群「フィヒテ知識学の精神」や
『一般学芸新聞』掲載の書評を書いていたシュレーゲルがまさに問題にしよう
としていた主題なのである．その点で言えば断章群「フィヒテ知識学の精神」

の次のようなシュレーゲルの言葉は，一層明示的である．

> フィヒテの論争は，哲学がそこで関わりをもつところについて言えば，彼の否定的な $\phi^2$ ［哲学の哲学］が適用される部分である．―― (XVIII, 38, Fr. 212)

> フィヒテの $\phi^2$ ［哲学の哲学］はフィヒテの $\phi$ ［哲学］よりもフィヒテ的であり，それゆえによりよいものでもある．―― (XVIII, 37, Fr. 201)

> 哲学の精神とは，その哲学の $\phi^2$ ［哲学の哲学］である．―― (XVIII, 37, Fr. 197)

したがってフィヒテ知識学の「精神」は，この公共へと開かれた「論争」の場，「第二のポテンツ」において，いわばフィヒテ自身よりもさらに「フィヒテする」ものとして立ち現れてくるのである[5]．フィヒテの「論争」は，「第二のポテンツ」のなかで「精神」として現れたものが他の分野にも作用するという効果を生むだけでなく，第一のポテンツにおける当事者と第二のポテンツにおける「精神」としての当事者とが「個々別々に」成り立ち，本体とその疎外態との乖離を際立たせもする．シュレーゲルは「フィヒテの論争が対象とするのは明らかに空虚 *Nullität* のみ，影〔幻影〕σκιαμαχων のみである」(XVIII, 38, Fr. 216) と言う．全集編纂者の注釈によれば[6]，この「影 σκιαμαχων」というギリシア語は『ソクラテスの弁明』でのソクラテスの発言に対応している．すなわち，自分に関する虚偽のうわさ話や劇作家による過剰な風刺がひどく横行しているので，「まるで自分の影と戦うようなことをしなければならないのでして，誰も答えてくれる者なしに吟味をおこなわなければならないのです」(18d) という箇所である．シュレーゲルの言う「フィヒテ知識学の精神」もまた，その孤独な姿を露にすることになる．

> フィヒテ的方法の精神は定立的であり，それゆえにすべてがそのように孤立化されている（…略…）．〔フィヒテ知識学の〕個性に鑑みて言えば，知識学

とはフィヒテ的精神のフィヒテ的文字でのフィヒテ的叙述である．（…略…）── (XVIII, 33, Fr. 144)

彼のもとで何かを妥当させたければ，知識学についてひたすらその口ぶりで〔彼の口吻をまねて〕語ってやりさえすればいいのだ．── (XVIII, 32, Fr. 141)

知識学はそのように自らのうちで自己完結し閉じようとするものだとする，このシュレーゲルによる特性描写は，「神秘主義」とさえ名づけられている自我の自己内還帰の思想を，「第二のポテンツ」の「論争的総体性」のもとで新たになお未完結のものとして開くものである．

### **3**　「カオスに対するセンスなしに知識学は理解できない」

1797 年 3 月，シュレーゲルは書評新聞『一般学芸新聞 Allgemeine Literaturzeitung』において，書評「F・J・ニートハンマーの『哲学雑誌』最初の 4 巻」を発表した．そのなかでシュレーゲルはフィヒテが関与した論争についても言及し，それは例えばシェリングが同じ時期に個人的な反感を動機にして行っていたような論争とは異質なものだとしたうえで，「知識学そのものに特徴的な論争嗜好」など本来ありはせず，知識学の精神には論争はどれも知識学の「挿話 Episode」(VIII, 29) だと論じている．

その〔知識学の〕精神においては，きっと異他的な諸々の哲学案件に言及するということそのどれもが既に，それが本文のなかでのことであろうが注記のなかや序文のなかでのことであろうが，知識学のなかでは一挿話なのだろう，ということも論を俟たないことである．書評子の願いは，その挿話が将来一度でいいからそのような通俗的混合から，書評子はそこに〔フィヒテの論文「知識学への第一序論」のような〕序論をも数え入れているのであるが，そこから純化されて打ち立てられるようになってくれたらいいのに，そして，そうなってくれれば，待ち望まれている知識学の新たな叙述どれ

もが徹頭徹尾もはや旧来の哲学用語の使用法になど従わずに行われるだろうに，ということにある．〔実際にもフィヒテ自身が書いている通り〕「〔知識学の〕旧来の叙述はひたすら，あまりにも旧来の哲学用語の使用法に従いすぎていた」〔のだから〕(a.a.O.).

ここでシュレーゲルが唐突に言う「挿話」とは，彼自身の古典ギリシア研究，特にホメロス解釈の専門用語としてのそれであり，このように論述の前後関係から著しく逸脱した仕方でのシュレーゲルの言葉選びがこの書評を理解しにくいものにしているのは確かに否めない．古代ギリシアの詩人たちがホメロスの叙事詩のなかの諸々の場面のうちから一つを取り上げて単体の物語（ラプソディー）に仕上げる表現技法をもっていたことを，シュレーゲルは熟知していた．そのように特定の事件や登場人物に即した「挿話」物語はそれ自体で一つの独自の内的連関を有する全体をなすが，それでいて原作たる一大叙事詩がもつ全体としてのステータスが失われることはない．シュレーゲルはフィヒテの論争はどれもが，ホメロスの叙事詩とその諸々の挿話との関係のように，多様な案件に即しそこでの文脈に従いながらも同じ「知識学の精神」を反復的に表現するものと見做している．この書評以前の比較的早い段階で，シュレーゲルは私的ノートに以下のように書いていた．

　　哲学は叙事詩がそうであるように中間 Mitte において始まらねばならない．だから〔哲学においては〕，あたかも最初のものがそれ自身で完璧に〔自己完結して〕für sich vollkommen 根拠づけられ説明されきっているかのように申し述べて〔前もって事前に掲げて〕vorzutragen から次に部分部分を計上してゆくなどあり得ないのである．そもそも全体なるものが〔まず最初に〕あるのだから，それゆえその全体なるものを説明する行程は直線ではなく円形なのである（XVIII, 518, Fr. 16）．

この箇所でもシュレーゲルは「叙事詩」の，したがってホメロスの叙事詩と諸々の「挿話」との特殊な連関の形式に，哲学のあり方を重ね合わせて語って

いる．哲学は叙事詩と同じく「中間」で始まるべきだとされるとき，その「中間」とは，それ自身で完結化しようとする哲学（シュレーゲルの用語では「神秘主義的な」傾向をもつ哲学，フィヒテの知識学を典型とするもの）を一方の極とし，諸々の「異他的な」主張と実際的に行われる論争（シュレーゲルの用語では「通俗的混合」）をもう一方の極とする，両極の拮抗関係にほかならない．

但し上記の書評からの引用箇所でシュレーゲルは，論争のなかで反復的に表現される「知識学の精神」の内実が論争の文脈から純化され端的に示されるべきだともしていた．別の箇所では一層明示的にも，「哲学がまだ叙事詩から諸々の挿話を借用してこなければならない間は，そういう分類を伴う哲学は純粋なもののうちにはない〔未完結である〕，ということは確かに前提されてよい」（VIII, 21）とも述べている．このことは両極のうちの一方だけを取る二者択一の要求を意味しない．むしろそれは近年の先行研究が示す通り，「学問分野の垣根をラディカルに超えて横断すること radikale Transdiziplinarität をその帰結にもつ[(7)]」ものなのである．

論争のなかでは，自らの主張と自らが対峙する「異他的な」主張との対立が，極めて小さい差異に起因する些細な相違でしかないことは当然あり得る．しかしシュレーゲルは，その相違を全体のなかで位置づけ意味を与えるような学問の「体系」が前提されない場合，対立はそこから無限に拡大すると言う．

> だから，〔哲学的著作をめぐって〕書評する哲学者と書評される哲学者がたった一つの命題においてしか相違しないということはあるだろうが，しかしその命題についての議論は，もしその議論に先立って体系が見出され完結されているわけではないときには，〔書評する哲学者と書評される哲学者とのそれぞれのもとで〕無限に多くの方向に向かって無限に進行していくのでなければならない．この〔究極的体系なき〕土台に立つ限り[(8)]，どれほど小さな相違であろうとその相違は全面的 total である（VIII, 31）．

あらかじめ完成された網羅的「体系」が存在しない限り，否むしろそれが実際には存在しないからこそ，論争は議論がどこまでも無限に拡散する契機を随所

に含み得る.

　シュレーゲルが私的な哲学ノートに記しているように,「本来, フィヒテの三つの根本命題で主題は言い尽くされている. その後フィヒテには, さらに前進していくためどうしても新たな付け加え *eine neue Zuthat* が必要になる」(XVIII, 510, Fr. 59). この断章は, シュレーゲルにとってフィヒテの知識学が原理的あるいは形式的には完成されたものと見做されていることを示している. したがって, もはや「論理的な」論争は必要ではない. なお問い質されるべきであるのは, 自己還帰する自我がその円環的運動の契機とする異他的なもの,「絶対的に偶然的なもの」,「根源的偶然性」との連関のあり方である. シュレーゲルは同じく私的な哲学ノート,「文献学について」のなかで以下のように記している.

> 円環化〔の行程〕Cyklisazion とは, 総体化〔の行程〕Totalisazion がそうであるのと同様, 下から上へ向かう von unten herauf〈だが, フィヒテの場合では〔それは〕下降するもの ein Herabsteigen〔である〕〉(XVI, 68, Fr. 84).

シュレーゲルは自らの古典文献学研究に基づきながら, 知識学の第三根本命題, 絶対的自我における自我の可分的自己措定という形式に対抗して,「文献学的に絶対的なもの〔文献学的絶対者〕」(XVI, 67, Fr. 77 u. 79.) を対置する. シュレーゲルが自ら拠って立つ文献学の立場からすれば, どれほど枝葉末節のどんな些細な語義解釈からでも一まとまりの固有の議論(シュレーゲルの用語では「ミクロロギー Mikrologie」[9])が形成され得る. それは微に入り細を穿つ議論の一つひとつが, それぞれに固有の仕方で「無限に多くの側面に無限に多くの方向で, 文献学的に絶対的なものに関係づけられ得る」(XVI, 67, Fr. 79) ということであり, したがってそのどれもが自らを中心として全体性を主張することができる仕方で「絶対的なもの」に関与するということなのである. だが「フィヒテの場合では」, 自我の自己還帰の単なる契機でしかない異他的なもの, 偶然的なものは全体に従属する部分という地位しかもたず, 円環化の行程が優位のものから劣位のものへと「下降するもの」であるので, その円環化の行程に組み入れられ

ていく異他的なもの・偶然的なものは，それ自体としては自発的でも主導的でもない．フィヒテの場合とシュレーゲルの場合とでは絶対的なものへの関与の仕方が，上昇と下降との関係のように正反対である．

　初期の哲学断章でシュレーゲルは「Ａ＝Ａに基づくフィヒテの論弁においては，『非我が自己自身を措定する』ということがそんなにうまくは帰結し得ないのではなかろうか」（XVIII, 510, Fr. 51）とも疑念を呈していた．シュレーゲルのフィヒテ批判は，かくして，非我あるいは根源的偶然性を適切に扱う学問論の要求へと進む．シュレーゲルの「エンチュクロペディー」構想もまた，この問題設定の延長線上に見据えられねばならない．

　第一のポテンツにおける自我は，「第二のポテンツ」において他との関係で我々のなかの我として改めて客観化される．シュレーゲルによれば，「超越論的自我は，超越論的我々と異なるものではない．それは〔個人の〕人格的な自我のことではない」（XVIII, 31, Fr. 135）．また別の箇所でシュレーゲルは，「カオスに対するセンスなしに知識学は理解できない．——知識学はフィヒテの『〔若き〕ウェルテル〔の悩み〕』だ」（XVIII, 38, Fr. 220）とさえ記している．論理に反する不条理や言葉では言い表せないもの，既存の知識から説明できる範囲を越えたもの，そういう未知なるものがここでは「カオス」と呼ばれている．この「カオス」と呼ぶほかはない未知の意味領域への「センス」が，「フィヒテ」の知識学を理解するためには必要なのだとシュレーゲルは言うのである．私見によれば，自我性すなわち自己還帰構造の適用範囲を単一の超越論的自我にのみ限定せず，あらゆる「偶然的なもの」にも認めることで，超越論的自我の哲学から「超越論的我々」の哲学への転換を図り，多元的連関の宇宙を開示しようとするところにこそ，シュレーゲルによるフィヒテ批判の意図が存する．だが，そのような領域横断的な形式としての「自我性」を発見するには「フィヒテ」の知識学はシュレーゲルにとって「あまりにも狭隘」だったのである．アテネウム断章で言われるように「そこから一つの世界が出現してくる混乱のみがカオスである」（II, 263, Fr. 71）とすれば，「カオスに対するセンス」は他なるものと自らとが同時的に共存する世界への気づきである．

シュレーゲルは，哲学，自然学，歴史学などのようにそれぞれ異なっていて互換性のない諸領野について，それらの間を行き来する知のはたらきを「ヴィッツ〔機智〕Witz」と呼ぶ．それゆえ，断章群「フィヒテ知識学の精神」の終盤で言われる「カオスに対するセンス」とは同じ断章群の序盤で言われていた「ヴィッツ」のことではないだろうか．断章群の序盤でシュレーゲルは，「フィヒテ」と「ヴィッツ」との関係について次のように述べている．

> フィヒテはヴィッツを黙認しているまでにすぎず，ヴィッツが好きなくせに見下してもいる．フィヒテは〔第二のポテンツへの〕実践的抽象をいくらかはもっているが，多くもっているわけではない．(…略…)——抽象，殊に実践的抽象とは，結局のところ，〔第二のポテンツにおける〕批判にほかならない．——(XVIII, 31, Fr. 136)

シュレーゲルからすれば，「疎遠なもの同士の類似性を見出す」(XVIII, 507, Fr. 14) はたらきとしての「ヴィッツ」こそは，第一のポテンツにあるものへ共同性ないしは協働性をもたらす「第二のポテンツ」の批判的効果なのである．そして，この両者の違いは「フィヒテ知識学」とシュレーゲルの「エンチュクロペディー」との違いでもある．実際にも断章群「フィヒテ知識学の精神」のなかで，もしも知識学がその「狭隘」を打開するとしたら，知識学は「文献学とエンチュクロペディー」(XVIII, 32f., Fr. 144) という枠組みをもつものになるだろうと述べられている．

## 4　小括：シュレーゲルの「フィヒテ」批判の意図

これまでの考察で明らかになったようにシュレーゲルの「フィヒテ」批判は，実在の人物としてのフィヒテというよりむしろ「フィヒテ知識学の精神」に向けられたものである．シュレーゲルにとって「フィヒテ知識学の精神」は，知識学の「論理的な諸原理」にとって異他的な「絶対的に偶然的なもの」との多元的な拮抗関係のなかで新たに開示されるべきものであり，それを遂行する場が「エンチュクロペディー」なのである．したがって，断章群「フィヒテ知識

学の精神」に見出される思想は基礎づけ主義に対抗する反基礎づけ主義というよりも，あくまでもフィヒテ的基礎づけ主義のヴァリアンテとして，但しその汎用化をラディカルに推進する思想だと，解されるべきではないのか．

### 注

(1)　以下，フリードリヒ・シュレーゲルのテクストの引用は，*Kritische-Friedrich Schlegel-Ausgabe*（KFSA），hrsg. von Ernst Behler in Zusammenarbeit mit Hans Eichner u. Jean-Jacques Anstett, Paderborn u. a., 1958ff. に拠る．引用に際してはローマ数字で巻数，アラビア数字で頁数を記し，断章については断章番号を付す．引用文のなかの〔　〕は引用者による補足ないし言い換え，［　］は全集編纂者による補足ないし言い換えである．

(2)　特にシュレーゲルのフィヒテ受容に関しては，小林信行氏（シンポジウム登壇者）の著書から学ぶところが多かった．Vgl. Nobuyuki Kobayashi: *Ästhetische Revolution und Phantasie. Studien zu den ästhetischen und geschichtsphilosophischen Ansichten Fr. Schlegels bis* 1800, Lit Verlag, Münster, 2018. 平井涼氏（シンポジウム登壇者）とは初期ドイツロマン派の思想に「反基礎づけ主義」ないしはデイヴィドソン的「整合説」を読み込んでよいかについて議論することができ，多くの有益な示唆が得られた．両氏に厚く御礼申し上げる次第である．

(3)　VIII, 12-32; *Allgemeine Literatur-Zeitung*, Nr. 90（Dienstags, den 21 März），S. 713-720 u. Nr. 91（Mittwochs, den 22），S. 721-728 u. Nr. 92（Mittwochs den 22），S. 729-735.

(4)　Vgl. XVIII, 4, Fr. 8; XVIII 36, Fr. 188.

(5)　この「フィヒテする」という表現は，イェーナでフィヒテの講義に感銘を受けたシュレーゲルとノヴァーリスが作った造語であり，フィヒテを模範にした哲学的思惟を表す．シュレーゲルの 1797 年 5 月 5 日付けおよび同年 6 月 8 日付けノヴァーリス宛て書簡を参照．

(6)　Vgl. KFSA XVIII, Anm., 389.

(7)　Michael Auer, Epideixis und Encyklopaedie. Schlegels Philologie zwischen Kulturwissenschaft und Kulturpolitik, in *ATHENÄUM. Jahrbuch der Friedrich Schlegel-Gesellschaft*, Bd. 25, hrsg. von Ulrich Breuer u. Nikolaus Wegmann, Ferdinand Schoningh, Paderborn, 2015, S. 138.

(8)　このような基盤を前提としないあり方は，シュレーゲルの私的ノートのなかでは数字のゼロを分母とする分数の形で，例えば $\frac{学問}{0}$ のように表記される．シュレーゲル全集の編纂者はこの表記を「無限な unendlich」（場合によっては「絶対的な absolut」）とい

う形容詞に置き換えて，例えば $\frac{学問}{0}$ なら「無限な学問」というふうに読んでいる.

⑼　Vgl. XVI, 35, Fr. 5; 60, Fr. 12; 67, Fr. 77. Ferner vgl. XVIII, 27, Fr. 94.

【研究論文】

# イェナ期におけるフィヒテ自我論の一考察
## ——非我との相互規定的な関係から——
### Fichtes Theorie des Ich in Jena:
### In der Wechselbestimmungsrelation mit dem Nicht-Ich

尾崎賛美

Sambi OZAKI

## は じ め に

本稿はイェナ期のフィヒテに依拠し，非我との相互規定的な関係を重要な契機とする，「現実的な意識における自我」の内実について，その成立構造に着眼し考察する．この自我は (少なくともイェナ期の) フィヒテの思想を印象づける「絶対我」から峻別される．たとえばBreazealeは，「自我であるということ to be an I は，自由であると同時に不自由であるとして，無限であると同時に有限であるとして，絶対的に自己定立的であると同時に，根源的に制限され規定されているとして，自己自身を意識することである」(Breazeale (2013), p. 119) と指摘しつつも，有限なる自我の方を「フィヒテにおける真の自我 the true Fichtean self」として位置づける (cf. Breazeale (1995), p.88; Breazeale (2016), p.126). あるいは Bykova も，諸々の事物や他なる自我 other selves が存する世界との具体的なやり取りを通してのみ可能となる「現実的な自我 the actual self」こそが，知識学の出発点として置かれるべきであるとする (Bykova, p. 164). しかしながら，このようにして本稿が主題化する自我の重要性に着目する論者たちの議論においては，こうした自我と絶対我とがいかなる連関をもつかについて，管見の限りでは主立って論じられていないように思われる．

そこでまず，本稿が主題とする自我の具体的な考察に先立ち，このような自我が絶対我といかなる点で区別されるのかについて，「何か」としての自我と

「何ものでもない」自我という観点から確認する．次いで本稿が検討する自我が，上述の相互規定的な関係を通じて明示される，『全知識学の基礎』（以下，『基礎』と略記）の理論的部門に則し，その事態の大枠を見届ける．さらに，こうした事態が成立する構造的背景を，同テクストの実践的部門から検討する．加えて，このようにして『基礎』の両部門で示された事態の相互的な連関を，自我の働きという点から統合的に看取すべく，『新しい方法による知識学』（以下，『新方法』と略記）の議論を参照する．以上のように本稿は，有限で現実的な自我の内実を，その成立構造の観点から検討するが，そこから得られた論点に基づき，有限なる自我と絶対我との連関について若干の考察を最後に行う．

## *1*　「何ものでもない」自我と「何か」としての自我

　フィヒテにおいて，自我が現実的な意識との連関で論じられるのは，自我が非我との相互規定的な関係の内において「何か」という位置づけを得る局面である．それに対し，『基礎』における第一根本命題，すなわち「自我は根源的かつ端的に，自己自身の存在を定立する」（GA I/ 2, 261）に則る限り，こうした局面が開かれる余地はない．「第一根本命題の絶対我は，何か *etwas* ではない（それは述語をもたず，またもつこともできない）．絶対我は端的に，それが在るところのものである」（GA I/ 2, 271）とされる．この第一根本命題において示されるのは，「絶対我」という「端的に定立された無限なる自我の理念」であり，それゆえここで「現実的な意識において与えられた自我はまったく問題にされていない」（GA I/ 2, 409）．第一根本命題における絶対我は，端的にそれが在るところのものであり，いっさいの述語を欠く以上，それが具体的な「何か」として規定されることはできず，この意味では何ものでもない．それに対し，現実的な意識における自我は，あらゆる可能的な述語づけ（規定 Bestimmung）に対し開かれている．自我がこのようにして規定され得るのは，非我との相互作用的な関係においてであり，こうした関係においてはじめて，現実的な自我は「何か」としての位置づけをもつ．これと連関する重要な記述は『新方法』でも看取される．

> 存在し得るいっさいの可能的な現実性は，ひとつの現実的なものから生じ
> る．いっさいの現実的なものの源泉とは，自我と非我との相互作用
> Wechselwirkung，あるいはこれらの合一である．（GA IV/ 3, 372）

ここで示唆されるように，フィヒテにおいて現実的なもののいっさいが開示される局面は，自我と非我との相互的な働きかけ合いを想定する．それゆえ「何か」としての自我も，こうした局面において成立する．では，こうした働きかけ合いとは何か．この点を念頭に，以下ではまず，自我と非我との相互規定的な関係について，『基礎』の理論的部門に則しつつその大枠を確認する．

## 2 『基礎』理論的部門からの考察

　はじめに，上述の相互規定的な関係が導出されるに至る道筋を，本稿と連関する点に絞って簡潔に示す．まず，第一根本命題の議論において自我（絶対我）が，「実在性」あるいは「能動性」の「絶対的総体」が帰せられるところのものとして導出される（vgl. GA I/ 2, 288, 293）．続く第二根本命題では非我が，先の実在性および能動性に対し，「否定性」ないし「受動性」として反立されるが（vgl. GA I/ 2, 293, 309），とりわけ絶対我に反立される限りにおいて非我は「端的な無」（GA I/ 2, 271）とされる(3)．ここから，「いかにしてAと非A，存在と非存在，実在性と否定性が，相互に滅却し廃棄し合うようなことなしに，ともに考えられ得るのか」（GA I/ 2, 269）という問題が生じ，その解決に向け，「自我は自我の内において，可分的自我に対し，可分的非我を反立する」（GA I/ 2, 272）という，第三根本命題が導出される．

　重要なのは，第三根本命題の導出に伴い示される，「可分性 Teilbarkeit」ないし「量化可能性 Quantitätsfähigkeit」という概念である（GA I/ 2, 270）．「実在性と否定性との普遍的な結合根拠」として，「量という結合根拠」（GA I/ 2, 297）が挟み込まれることにより，自我に帰属する実在性を，非我に帰属する否定性によって完全に廃棄するのではなく，その総量を部分的にのみ廃棄する（GA I/ 2, 270）という想定が可能になる．それは，自我と非我とが相互に滅却し合うこ

となく，両者が「可分的に定立される」(ebd.) ことを，あるいは「自我と非我とが一つの同じ意識のなかで可分的に共在する」(GA IV/ 2, 43) ことを意味する．この限りにおいて，非我は「端的な無」ではなく「負量 negaive Größe」(GA I/ 2, 271) ないし「実在的否定 reale Negation」(GA I/ 2, 292) とされ，ここにおいて，可分的な自我が非我と共に「何か」として定立される見通しが開かれる．

　以上を踏まえ，本節の具体的な考察に入ろう．「自我は自己自身を，非我によって制限されるとして定立する」(GA I/ 2, 285)．これが，「理論的知識学の頂点に位置する」(GA I/ 2, 362) 命題である．ただしこの命題は，非我が文字通り自我を制限することをではなく，むしろ「自我が自らを規定する」(GA I/ 2, 287) ことを，より精確には，自我が自身の実在性を自らで部分的に廃棄することを本意とする．こうした自己制限ないし自己規定により，自我の実在性の絶対的総量の内の一部が可分的自我として，残りの部分が非我として定立される (GA I/ 2, 289)．ただし，可分的自我および可分的非我としてそれぞれ定立された実在性の総計は，絶対我の内に定立された実在性の総量に相当しなければならず，実在性の総量そのものが変化するわけではない．この総量そのものが変化しないからこそ，可分的自我に付与される実在性の量が決定されれば，自ずと可分的非我に付与される残りの実在性の量も決定され，逆もまた然り，という関係が成立する．こうした関係の内実をフィヒテは「相互規定〔交互限定〕 *Wechselbestimmung*」(GA I/ 2, 290) と称す．

　以上を踏まえると，非我の反立と共に自我の実在性が特定の量として制限されるとき (vgl. GA I/ 2, 389)，自我は「何か」として規定される．このことは，能動性の規定という観点からも以下のごとく示される．

　　自我の可能的述語はいずれも自我の制限を表す．主語の自我は端的に能動的なもの，あるいは存在するものである．述語（たとえば，私は表象する，私は努力する等）によって，この能動性は限局された領域へ閉じ込められる．
　　(GA I/ 2, 298)

つまり，自我が「何か」として規定されるということは，あらゆる可能的な在

り方の内から，自我に対して特定の述語づけがなされるということであり，その内容は具体的な能動性の規定として表現される．これが，自我の能動性が特定の領域へと限局されることである．したがって，自我が「しかじかに存在する」として規定されるということは，自我の能動性が「しかじかの仕方で制限される」ことであり，こうした能動性の制限に基づき，特定の実在性が自我に帰せされる．これにより自我が，特定の「何か」として可分的に定立される．

とはいえ，このような事態はいかにして想定されるのか．可分的自我も可分的非我も，「何か」として意識され得るには一定量の実在性が付与されなければならず，この「量 Quantität」という観点において両者は相互に関係づけられる．こうした量的な観点における関係性の根拠は，「観念的根拠 idealer Grund」（GA I/ 2, 308）と呼ばれる．それは，それが何であれ「何か」として思惟され得るには，絶対我における実在性に依拠しなければならないことを意味する．ただし，現実的な意識における自我を構成する一契機として上述した，自我の能動性の部分的な廃棄，ないし「減少 Verminderung」は本来，絶対我の本性と相容れない．こうした受動性ないし否定性は，自我の本性とは相容れない「質 Qualität」として，その根拠（「実在根拠 Real-Grund」）を非我の内にもつとされる（GA I/ 2, 309）．では，こうした自我とは「異質なもの Heterogenes」（vgl. GA I/ 2, 405）はいかなる契機から生じるのか．この点に焦点を絞り，『基礎』の実践的部門（「実践の学の基礎」）へと視点を移そう．

## **3**　『基礎』実践的部門からの考察

当部門の導入部ではまず，理論的部門において可分的自我として論じられた自我が，「知性」ないし「表象するもの」（GA I/ 2, 386）として位置づけられる．ところで，自我が表象するものであるには，当の自我が表象するところのものが同時に想定されねばならず，この点において自我は，自我の外なるものによって規定されると言われる（vgl. GA I/ 2, 386）．このことは，可分的な非我が同時に反立されることなしには，可分的自我も定立されないという点を想起させる．ただし，何かを表象することの本来の可能性は，無限に進みゆく自我の能

動性と，この能動性に対し「抵抗」として現れる「障害 Anstoß」の想定にあり（ebd.），この障害の生起はまた，自己規定の条件とされる（GA I/ 2, 356）[5]．この自我の能動性と障害，および自己規定との関係について確認しよう．

> 障害は，まさに自我自身の定立における自我の能動性に対して生じるのであろう．〔そして〕自我の，いわば先へ先へと向かい weiter hinaus 努力する能動性が自己自身の内へと追い返される（反射される）のであり，その際，ここから自己限局が結果し，［…］（GA I/ 2, 356）

つまり，自我の自己限局は，自我の能動性がその能動性に対する障害によって追い返される事態を前提し，フィヒテは，「もし現実的な意識が可能であるべきならば，このことが生じなくてはならない」（GA I/ 2, 408）とする．先に，可分的非我は，その受動性（否定性）という性質からして，自我の本性とは相容れない異質なものであると指摘したが，この矛盾もここを手がかりに解決される．もっとも，こうしたいわば異種的なもの（etwas Fremdartiges）も，「自我の内において遭遇されるべき」（GA I/ 2, 405）ではある．というのも，それが「自我の外に存するならば，自我に対しては何ものでもないであろう」（ebd.）からである．しかし他方で，それが「自我の内的本質」から導出されることは不可能である（GA I/ 2, 400）．たとえ自我の内に受動性という異質なるものが定立されるとしても，自我の本質には，能動性（実在性）しか属し得ないからである．

　こうした問題の解決をフィヒテは，能動性のもつ方向の差異という観点から示す．「自我の本性がその能動性である」（GA I/ 2, 405）以上，自我の内で生じる異種的なものも，少なくとも能動性という点においては自我と「同種的 gleichartig」でなければならない．したがって，仮にこうした異種的なものが自我に帰せられるとするならば，それは「おそらく方向が異種的なのであり，〔それは〕自我の内において基礎づけられているのではなく，むしろ自我の外に基礎づけられている」（GA I/ 2, 405）のである．

　前節で示した通り，非我の反立とは，自我の能動性の部分的な減少，制限，あるいは限局という事態であった．こうした能動性は，「非我における或るも

のへと，ある客観へと向かう能動性であり，したがって客観的活動である」（GA I/ 2, 328）．この「客観的能動性」という概念は，この能動性に対し生じる抵抗の存在を含意しており，自我の能動性が「客観的」である限り，自我は「有限」であるとされる（GA I/ 2, 393, vgl. 402）．それに対し，自らを端的に定立するところの自我の能動性は「無限」であり，それはもっぱら自己自身へと還帰する「純粋能動性」とされる（ebd.）．

　この自己内還帰する純粋能動性は，その方向性からして「求心的zentripetal」であり，その限りでは非我に対して開かれていないように思われる．しかし，ある方向が一定の方向として定められ得るには，その反対の（ここでは「遠心的 zentrifugal」）方向が前提されなければならないとされる点が留意されるべきである（GA I/ 2, 406）．つまり，自我が自らを反省する限り，それは求心的な能動性であるのに対し，自我が自らによって反省される際，能動性は遠心的となるのである．加えて後者の能動性は，「自我はいっさいの実在性を自らの内に捉え，無限性を満たすことを要求する」という，「端的に定立された無限なる自我の理念」に打ち立てられた要求に基づくとき，無限に遠心的であるとされる（GA I/ 2, 409）．そしてこの，要求された事柄への反省の傾向を「自己自身からの超出のいっさいの根拠」（GA I/ 2, 408）とする，遠心的な方向性をそなえた「純粋能動性」こそ，障害を被るとされた件の能動性である．この能動性がある点において抵抗を受け，自我自身の方へと追い返されるとき，（自己内還帰的な純粋能動性とは区別された）「第二の」求心的な能動性が見出される（GA I/ 2, 408）．これが上述の「異種的なもの」としての能動性である．さらに，遠心的な純粋能動性が抵抗を受け，自我が自らの内に当の制限を定立するとき，こうした定立を行う能動性は自我自身にではなく，非我の反立へと向かう，有限な客観的能動性となる（GA I/ 2, 393）．

　以上より，前節で見た可分的自我の定立とは，先の純粋能動性が障害され，自我の内へと追い返されることによって自我の能動性に制限が生じること，あるいはこの制限を客観的に定立することを背景にすることが看取できる．また現実的な意識における自我との連関であえて言えば，こうした自我の生起とい

う事態は，主観面から見れば，自我の能動性が制限されることによって具体的に規定された自我の在り方が反省されることであり，これは自我ならざるものによって規定された内実を伴う，経験的な自己意識であると言えよう．また客観面を見れば，このようにして自我を規定する当のものが反省されることであり，ここから主観との意識的連関を有する対象意識が生じる．こうした関係こそ，現実的な意識における可分的自我と可分的非我との相互的な関係であろう．

## *4* 『新方法』からの考察

　以下では『新方法』の議論を参照し，現実的な意識における自我の内実について，第2節と第3節とで理論と実践とのそれぞれの文脈から個別に確認した事柄を，自我の働きという観点から連関させつつ，最後に，こうした自我と第1節で簡単に触れた絶対我との関係について検討を行う．なお私見では，『新方法』に特徴的な点のひとつとして，自我の自己定立と自由とがより密接した仕方で叙述されている点が挙げられる．以下，この点を切り口に検討を進める．

　いましがた示した点は，たとえば，「第一の絶対的に自由な，そして何にも制約されていない行為とは，自我の自己自身による定立である」(GA IV/ 3, 337) と言表される．こうした働きは「実在的能動性 reale Tätigkeit」と呼ばれ，それは自らの規定根拠を自己自身の内に含む，「自己規定的な」活動と位置づけられる (ebd.)．なお，この「自己規定的」な活動の内実は，「未規定性から規定性への移行」(GA IV/ 3, 360)，あるいは「規定可能なものから規定されたものへの移行」(GA IV/ 2, 44) であり，さらに「可能性を現実性へと高めること，能力を実際の行い Tat へと高めること」(GA IV/ 3, 360) として定式化される．よって，『新方法』における自己定立は，絶対的に開始する自由の働きに基づき，自らを規定すること，それも現実的な行為へと規定することを含意する．

　次いで，この自己規定的な事柄が「未規定性から規定性への移行」として語られる点であるが，こうした移行に際しては，自由がそこへと向けて発現すべき目的が明示的に意識されなければならない．これは「目的概念の構想」と称される．こうした概念は「将来の行為についての概念」(GA IV/ 2, 69) であり，

それは「目的概念に従って現実存在すべき何か」としての客観（GA IV/ 3, 385），あるいは「理想」（GA IV/ 3, 365）を念頭に置く．したがって，現に存在する客観に規定されるのではなく，未だ存在しない，しかし存在すべき客観の概念に従って行為するとき，その行為は自由であるとされる．以下，この自由なる行為としての自己規定の構造を確認しつつ議論を進めよう．

> そこで，私は自らを意識するためには，自由に行為しなければならないのだが，自由に行為するためにはやはり，行為の概念を構想しなければ不可能である．そしてこの構想もまた，規定可能なものの領域がなければ可能ではない．（GA IV/ 2, 58）

自由な行為が自己意識の条件とされる点は後述するとして，まずは目的概念の構想にあたり，規定可能なものの領域が想定されなければならない点に着目しよう．ここで「規定可能なものの領域」が想定されるのは，「自我が自らを規定するということは，自我が規定可能なもののうちから選出を行うということ」だからである．また，自己規定の結果としての「規定性」は「規定可能性の総和のうちから摑み取られた」特定の部分とされ（GA IV/ 3, 368），加えて，「この総和の部分とは，ある規定された能動性ないし行為を意味する」（ebd.）ことから，自由に基づく自己規定とは無限なる可能的な行為の領域から特定の行為を選出することと言える．これは先に「可能性を現実性へと高めること」として示された自己規定の内実と解釈できよう．では，こうした自己規定に基づく行為と意識とはいかなる関係にあるのか．

> いっさいの意識は経験から出発する．というのも，すべての経験は行為から始まるからであり，自我の行為に関係することによってのみ可能だからである．（GA IV/ 2, 54）

ここからまず，意識の可能性が行為に依拠するとされる点が間接的に判る．また，「経験を通じてのみ，我々は自己自身に対し何かとなる」（GA IV/ 3, 371）と言われるように，我々が自らを「何か」として反省するには，（特定の）行為を

前提しなければならない．上述の通り，自由な行為は自己意識の条件である．ただしより精確には，「私は自らの能動性のみを意識することができるが，もっぱら制限の加えられた能動性としてのみ意識することができる」（GA IV/ 3, 371）とされる．前節でも確認したが，「何か」としての自我の定立は，自我の能動性が制限されることに伴い，自我の実在性が規定されることを旨とするのであった．また，自己自身を意識するためには能動性の制限が，さらにこの制限のためには能動性そのものが前提されなければならないが，この能動性こそ，自己意識の条件とされた自由な行為である．

　ここまでは，可分的自我の定立に際し，前節にて実践的部門に則し確認した事態に相当する．以下では，この実践的事態と，前々節で見た理論的事態との連関を「観念的能動性 ideale Tätigkeit」（「知性」vgl. GA IV/ 2, 49）と絡めつつ検討する．『新方法』において，この観念的能動性には様々な役割が与えられるが，その主な特徴として，実在的能動性を直接の客観とする（vgl. GA IV/ 3, 377），あるいは実在的能動性の働きを注視する zusehen 働きがあり（vgl. GA IV/ 2, 45），それはたとえば以下のような役割を担う．

　　自我に対して何かが存在するのも，自我が注視する限りにおいてであるた
　　め，観念的能動性によってのみまた，何かが自我に対し存在するのである．
　　（GA IV/ 3, 362）

この点を加味すれば，何であれ我々が何かを現実的に意識するためには（したがって，自らを何らかの規定をもって反省するためにも），一方で実在的能動性と，それが被る制限とを要件とするが，その際にはまた観念的能動性も働かなければならない．ここに上述の，実践的部門で示した事態と理論的部門で示した事態との連関が次のように看取される．件の実在的能動性における「被制限性 Beschränktheit」は「感情」とされ（GA IV/ 3, 377），「個々の感情は自我の規定された状態である」（GA IV/ 3, 378）．他方，観念的能動性は，自我の規定された状態を表す感情が，実在的能動性の制限として生じることを契機に発現するが（vgl. GA IV/ 2, 71），この観念的能動性は実在的能動性の被る制限性の内に拘束

されるわけではなく，こうした感情から自らを引き離す sich losreißen，ある
いは制限された状態から距離をとる（反省する）自由をもつ（GA IV/ 3, 389）．こ
れにより，実在的能動性の被る制限性が，制限されることのない観念的能動性
の働きによって意識の対象となる．こうした被制限性の感情の生起，そして自
我の制限された状態（規定）の反省に，自我の能動性が障害されることで生じ
る異質な能動性の還帰，およびそれに基づく「何か」としての自我と非我との
可分的な定立を見ることができる．その際，自我の被る制限性の感情に意識が
向けられれば，当の制限をもたらす対象が主観の意識との連関とともに明示化
され，他方，制限を被った自我自身の能動性ないし，それに基づき実在性が反
省されれば，具体的な規定を伴った意識が自己意識の内実として明示化される
と言えよう．

　以上を踏まえ最後に，本稿が検討してきた現実的な意識における自我と絶対
我との関係について簡単に触れておく．すでに確認した通り，自己自身の存在
を端的に定立する自我，あるいはすべての実在性を自らの内に捉え無限性を満
たす「理念」として絶対我は位置づけられる．こうした，他なる諸契機のいっ
さいから独立に自らを定立する根源的な性格ゆえにこそ，絶対我は具体的な
「何か」として規定されることはない．この意味において本稿は，「何か」とし
て規定される，現実的な意識における自我との対比において，絶対我は「何も
のでもない」と特徴づけた．しかし他方，絶対我はたんに空虚な理念に過ぎな
い概念ではなく，現実的な意識における自我の成立に際し，以下ふたつの観点
から重要な役割を果たすと思われる．

　第一に，現実的な意識における自我が，可分的な非我と共に具体的に規定さ
れた意識の状態であるならば，こうした規定が可能となるために，規定される
べき意識そのものが前提されなければならない．実在性の部分的な限局として
の可分的自我の定立に先立ち，実在性の総量としての絶対我が想定されるのも
この点と通ずる．第二に，たしかに絶対我は理念的な側面をもつものとして想
定されるが，逆にこうした理念が想定されるからこそ，自己ならざるものに対
して開かれた，現実的な意識における自我の説明も可能となると言える．本節

では自我の自由な行為を自己意識の条件という観点から示したが，こうした自由な行為が構想されるには，何ものにも依存せず自我が端的に規定するところの，存在すべき客観が理想として構想されなければならなかった．あるいは前節で確認したように，自己限局という事態のために，自我の能動性に対して生起する障害が想定されたが，こうした障害が生じる自我の純粋能動性は，いっさいの実在性を自らの内に捉えようとする，無限なる理念に基づき自己から外出する能動性であった．そして，こうした能動性が想定されるからこそ，自己ならざるものへと開かれ，それとの連関の内に形成される現実的な意識における自我が可能となる．

　つねに自己ならざるものとの関係において規定される，現実的な自我が知識学の出発点とされるべきであるというBykovaの指摘は，我々の経験的意識に則す限りでは正しかろう．しかし，そうであるからといって絶対我が我々の意識とは無関係な代物とされるわけではなく，こうした我々の経験的意識の可能性の条件として想定される限りでは，我々の知の可能性の根拠をめぐる超越論哲学において，依然として第一根本命題として据えられるべきものである．それゆえ，現実的な意識における自我との対比において絶対我は，たしかにいかなる規定をも被り得ないという点では「何ものでもない」が，まったくの空虚でもないのである．

## おわりに

　以上，本稿は現実的な意識における自我の内実について，自我と非我との相互的な関係を切り口に，その成立の構造的な観点から検討してきた．その結果として，こうした自我の成立の背景には，自我の実践的活動と理論的活動との動的な構造が存し，本稿が主題としてきた自我は，このような構造によって織り成される動的な意識の事態であることが明らかにされた．

　加えて，現実的な意識における自我と絶対我との連関についても簡単にではあるが最後に触れた．現実的な意識における自我が，具体的に規定された意識として成立するための条件として想定される絶対我は，一方では理念的な役割

をもつが，決して空虚なものではなく，むしろ現実的な意識における自我が現に成立しているという事態から逆照射的に，この絶対我に対しある種のリアリティが与えられるように思われる．この点については今後の課題としたい．

**注**

(1)　フィヒテの著作からの引用や参照は，バイエルン科学アカデミー版全集（*J. G. Fichte-Gesamtausgabe der Bayerischen Akademie der Wissenschaften*, Friedrich Frommann Verl., 1962-2012）に依拠し，引用に際しては「略記号（GA）系列数/ 巻数，頁数」の順に表記する．先行研究からの引用においては頁数のみを示すが，同一著者による著作が複数ある場合に限り年数も併記する．引用文中の傍点は（先行研究も含め）原文における強調であり，地の文への傍点は筆者による強調である（フィヒテの著作に関しては，隔字体による強調のみを反映させた）．また特に断りがない限り，引用文における〔　〕による挿入と［　］による中略とは筆者によるものである．なお，フィヒテの著作からの訳出に際しては哲書房版『フィヒテ全集』を適宜参照した．

(2)　本稿では便宜上「現実的な意識における自我」と表現するが，フィヒテ自身の言葉に則せば，「現実的な意識において与えられる自我」である（GA I/ 2, 409）．この自我は，「現実的現存在」ないし「現実的自我」として，「自我の無限なる理念」ないし「絶対的存在」（「絶対我」）から峻別される（vgl. GA I/ 2, 410 Anm.）．

(3)　ただし，「絶対的自我に対しては何ものも反立されはしない」と長澤が端的に指摘する通り，非我が反立されるという事態は，意識の事柄としては絶対我ではなく，可分的自我に対する反立を意味する（長澤，51 頁）．また，「自我に対して非我が反立されるや，反立がなされる自我と，反立されるところの非我とは可分的に定立される」（GA I/ 2, 271）という記述に鑑みるに，第二根本命題で示される事態は，経験的意識を説明する上で，自我に属し得ない契機を説明するために論理上，第三根本命題に先行するが，我々の意識の事柄としては，第三根本命題で示される事態をすでに含んでいると解釈できる．

(4)　この点は「Ideal-Grund」を「gedachter Grund」と解釈する Soller に従った（S. 176）．

(5)　もっとも，「障害は，自我が能動的である限りにおいてのみ，障害である」（GA I/ 2, 356）とされる点が重要である．つまり，障害がなければ自我の自己規定はないが，それ以前に自我の能動性がなければ障害はない．とはいえ今回は本稿の主旨に則して，自我の能動性が障害によって制限されるという局面に焦点を絞り，その他のより詳細な検討は別の機会にまわす．

**参考文献**

・Breazeale, Daniel（1995）, "Check or Checkmate?: On the Finitude of the Fichtean Self", *The Modern Subject: Conceptions of the Self in Classical German Philosophy*, Karl Ameriks and Dieter Sturma（eds.）, New York Press, pp. 87-114.

・――（2013）, *Thinking Trough the Wissenschaftslehre: Themes from Fichte's Early Philosophy*, Oxford University Press.

・――（2016）, The *Wissenschaftslehre* of 1796-99（*nova methodo*）, *The Cambridge Companion to Fichte*, David James and Günter Zöller（eds.）, pp. 93-138.

・Bykova, Marina（2019）, "Kant's "I Think" and Fichte's principle of self-positing", *Anuario Filosófico*, vol. 52（1）, Emiliano Acosta（ed.）, Universidad de Navarra, pp. 145-165.

・Soller, K. Alois（1997）, „Fichtes Lehre vom Anstoß, Nicht-Ich und Ding an sich in der GWL: Eine kritische Erörterung", *Fichte-Studien*, Bd. 10, Klaus Hammacher et al.（hrsg.）, Rodopi, S. 175-189.

・長澤邦彦（2014）,「『全知識学の基礎』1794／95 年」,『フィヒテ知識学の全容』, 長澤邦彦, 入江幸男編著, 晃洋書房, 35-55 頁.

＊本稿は, 平成 31 年度科学研究費補助金（特別研究員奨励費, 課題番号：19J10697）による成果の一部である.

**【書　評】**

ヴィルヘルム・G・ヤコプス著（鈴木崇夫，パトリック・
グリューネベルク訳）『フィヒテ入門講義』

筑摩書房，2021 年

橘　智朗

Tomoaki TACHIBANA

　本書は，Wilhelm G. Jacobs, *Johann Gottlieb Fichte : Eine Einführung*, Berlin, Suhrkamp Verlag, 2014 の全訳である．

　著者であるヴィルヘルム・G・ヤコプス氏は，1935 年生まれ，ミュンヘン大学で学位取得後，ザールブリュッケン大学助手等を経て，1984 年に教授資格を取得，1994 年よりミュンヘン（ルートヴィヒ・マクシミリアン）大学哲学部教授を務めている．フィヒテやシェリングを中心としたドイツ観念論研究に一貫して取り組み，多くの著書や論文を発表している．また，氏は国際シェリング協会やドイツ・ポーランド哲学協会の会長を歴任し，バイエルン科学アカデミーによる『歴史的批判版シェリング全集』編者などを務めてきた．1998 年に来日しており，日本シェリング協会名誉会員でもある．

　本書は，フィヒテ生誕 250 年を記念して，2012 年にミュンヘン大学で行われた講義がもとになっている．本書の構成を順に記すと，「まえがき」，「日本語版へのまえがき」，「目次」，本文全十三章，「引用について」，「主要文献目録」，「年譜」，「訳者あとがき」，「人名索引」となっている．

　本書は，その題名が示すとおり，フィヒテ哲学への入門を目的としている．「まえがき」によると，本書のもとになった講義の際に著者ヤコプスが心がけたことは，まず「フィヒテ哲学を理解しやすく」（3頁）すること，またフィヒテを読む者が「陥りがちな誤解を取り除くこと」（同）であった．著者のこの姿勢は本書全体に貫かれている．そのため本書で取り扱われるフィヒテの著作には一部の理論的なものを除き，「それ自体入門書的な性格をもつ本」（4頁）とフ

ィヒテ自身が「一般読者向けと呼んでいる本」(同), 具体的にはフィヒテの生前に公刊された著作ないし論文のみが選ばれている. 以下で本文を概観していきたい.

　第一章「哲学へのフィヒテの道程」は, フィヒテの生い立ちを追跡しつつ, 彼がどのようにして哲学の道を歩み始めたのかということが示される. 必然と自由の葛藤に悩むフィヒテはカント哲学との出会いによって理性の自律にめざめた. これがフィヒテの生き方を決定すると共に彼の「思考の源泉」(19頁) となった. この理性の自律に加え, フィヒテの思想形成に決定的な役割を果たしたものとして, 著者は『エーネジデムス』を挙げる.『エーネジデムス』の研究によってフィヒテは, あらゆる意識の働きに先立つ, 意識それ自身についての意識, つまりそこから意識の説明が可能になるような「開始点」(25頁) としての自己意識を発見したのである.

　第二章では『知の理論の概念, つまり哲学といわれるものの概念について』が取り上げられる. 著者によると, ここでは「今後の研究の進めかたにかんする見取り図」(29頁) が描かれる.「哲学は学問としての知であるという確信」(31頁) のもと, フィヒテは知それ自身の可能性についての問いを立て, この知そのものについての学問を「知の理論」と呼ぶ. 知の理論は,「知とは何か」を問うが, これは知が自ら「自分自身とは何か」という「知の知」について答える試みに等しい. それは自らの根拠を自らのうちにもっていなくてはならない. この自己根拠づけにおいて根拠づけるものと根拠づけられるものは同じである. この「知を成り立たせているものどうしの内在的な結びつき」(41頁) は反省なしに普段の意識の活動の中で前提されている統一である. こうした「自分の意識の統一の可能性」(同) の探究が知の理論の課題として設定される.

　第三章では『知の理論全体の基礎』が取り上げられる. 自己根拠づけを条件とする意識の統一の可能性を問うにあたり, フィヒテは「疑う余地のないひとつの事実」(50頁) である「A=A」という論理法則から出発する. この論理法則は知の理論において「もしなにかが, つまり A が意識のうちで措定〔定立と訳されることが多い〕されているならば, それなら A は措定されている」(51頁) とい

う結びつきとして表現される．この「措定する」活動が反省されるときに浮か
び上がってくるのは，「その活動について語ることによって，語る当人がみず
からその活動であるような，そういう活動についての意識」(54頁) である．こ
の活動の自己意識，つまり活動とその成果が同一であるこのことが「事行」
(同) といわれる．フィヒテはさらにこの知の自己自身についての直接的知を
〈私〉と呼び，ここからこのような〈私〉に関する端的に無条件な第一根本命題
が得られる．この意識の統一を前提にして，活動ではないものが活動それ自身
から，つまり知の遂行から区別される．ここに「〈私〉に端的に〈私でないも
の〉が対置」(68頁) される第二根本命題が得られる．そして第三根本命題にお
いて，先行する二つの意識活動が，互いに排除し合う二つの意識活動が，媒介
されるのである．絶対的な〈私〉において，「一方に知られているものすべてを
自らのうちに包み込む無限な局面が，もう一方にこの無限な局面と一線を画す
る有限な局面」(72頁) が現れる．〈私〉の両局面は相互に補完し合って一つの
ありかたを形作っているのである．

　第四章から第六章では，1796年から1798年にかけてのフィヒテの著作が取
り扱われる．第四章は『知の理論の諸原理による自然法の基礎』を，第五章は
1797年に『ドイツ知識人協会哲学雑誌』に発表された三つの論文，いわゆる
「知の理論への第一序論」，「知の理論への第二序論」，「知の理論の新しい叙述
の試み」を，第六章は『知の理論の諸原理による道徳論の体系』を取り上げて
いる．この時期に知の理論は改訂ないし深化という形で，実践的領域へ拡張さ
れる．重要なのは，道徳法則の意識において自己活動と自由についての直観が
根拠づけられており，〈私〉は「自分が自分のあり方を定める」(82頁) という
自己規定へと，つまり「将来（の時点）においてあるべきなにか」(83頁) へと促
されているということである．フィヒテは，〈私〉を「自律的な理性」(109頁)
として，そして自身の哲学を「実践的な必然性をそなえた作品」(同) として理
解するに至るのである．

　第七章では1800年に『哲学雑誌』に発表された「私的書簡から」という作品
を中心に，いわゆる「無神論論争」期における神をめぐる問題群についてのフ

ィヒテの見解が紹介されている．フィヒテはカントに倣い，実践理性をもとに信仰を根拠づけようとする．義務の意識を通じた自由な行為によって現実化されるべき理性の目的はいっそう高次の法則に基づいている．この法則をフィヒテは「秩序づける秩序〔ordo ordinans〕」（134頁）としての生きて働く道徳的秩序と呼び，これこそ信仰の根拠，つまり神であると考えたのである．

　第八章では『人間の使命』が取り上げられる．著者によると，『人間の使命』は，「ヤコービよりフィヒテに宛てて」といういわゆる「ヤコービ書簡」へのフィヒテの応答という側面と，自身に対する無神論の嫌疑を取り除くために，一般の人に向けての知の理論の紹介という側面をもつ．第一巻「懐疑」では，〈私〉は自らを自由であると理解することを望むが，決定論的世界像においては自由の意識は自然法則に従う「自然力」の中に組み込まれていることが語られる．第二巻「知」では，反省そのものに視線が向かい，理性によって〈私〉は世界についての知を形成したのは私自身であるということを意識するに至るが，〈私〉はその実在性を確信できないことが述べられる．そして第三巻「信念」では，この知という活動の可能性と実在性は「信念」という直接的な意識において捉えられるとされる．著者によれば，フィヒテはこの『人間の使命』によって「決定論から自由の意識へと進んだ彼自身の人生の歩みを反省して」（153頁）おり，ここでもフィヒテにとって哲学と生は緊密に結びついていることが述べられる．

　第九章では『最新の哲学のほんとうの本質について広汎な公衆に向けてなされる一点の曇りもない明白な報告－読者に理解を強いる試み』が取り上げられる．著者によると，この著作は知の理論がどのようなものであるかということを，出版を通して一般の人々に伝えようとした，フィヒテの「最後の試み」（159頁）である．「哲学は自分で考える営み」（161頁）であることがここでも繰り返し述べられ，フィヒテは読者に自分で考えるように求めている．

　第十章から第十二章ではそれぞれ，『現代という時代の根本特徴』，『ドイツ国民に対する連続講演』，『完全に満たされた生へ向けての助言，あるいは宗教論』という一般向けの三つの講義が紹介される．これに先立って，これら三つ

の講義の理論的基礎となる 1804 年に行われた知の理論についての講義の概略が第十章の始めで述べられる．これまで，意識という「原事実」（174 頁）に基づいて知の理論は展開されてきたが，それが「そもそも真であるのか」（同）ということは問われてこなかった．しかし，無神論論争によって，神についての問題群が知の理論の中で問われることにより，「真理についての問い」が現れてきたと著者は指摘する．フィヒテは真理を，主観にも客観によっても条件づけられない絶対的なもの，端的に〈一つであるというありかた〉をしているものと考え，それを哲学史の伝統に倣って「存在(ある)」（176 頁）と呼ぶ．いかなる差異もない（つまり思考の対象にならない）「存在(ある)」を私たちはどのようにして問題にすることができるのか．それは，直観において，つまり「どんな概念もその妥当性を失ってしまったときに」（177 頁）現れる．ただこの絶対的なものは知のうちで現象する（〈存在(ある)がここに現にある〉）ので，この両者は「ある意味で一つ」（同）であるとされる．

　こうしたフィヒテの後期思想の展開を受けて，三つの一般向け講義が紹介されるのであるが，この三つの講義に共通するのが，知の理論の応用部門として，人々を「自由で理性的な生活」（169 頁）へと導く役割を担っているということである．こうした共通の見通しのもとで，『現代という時代の根本特徴』では，「世界計画」（186 頁）が絶対的なものの現象として理解される歴史哲学が展開される．『ドイツ国民に対する連続講演』では実践理性を尊重した教育による理性と法に基づいた国家の理想が語られる．そして『完全に満たされた生へ向けての助言，あるいは宗教論』では，「ここに現にある」において現象する「存在(ある)」の活動が愛として概念把握されることにより，あらゆる生は「存在(ある)」の，つまり「完全に満たされた生」の必然的な展開として捉えられる．

　第十三章「受容と影響の歴史」で著者は，フィヒテの死後，彼の著作がどのように読まれ，どのような影響を与えてきたのかということについて述べた後，アカデミー版全集刊行によるフィヒテ研究の世界的な拡がりと今日の研究の状況を示し，今後の研究の深化に期待を寄せている．

　ここまで本書の内容を紹介してきたが，ここで本書の翻訳について評者の見

解を述べておきたい.「訳者あとがき」で述べられているのは,「原文を可能な
かぎり噛み砕いて」(247頁) 訳すという方針である. そのため本文中では多く
の用語が,「つまり」を用いて説明的に言い換えられている. 驚嘆に値するのは,
こうした試みが冗長さに陥ることなく, フィヒテの思考するプロセスが日本語
において分かりやすく表現されている点である. この方針のもと, 本書で採用
されているフィヒテの著作の題名や概念の訳語も従来のものと異なっている.
例を挙げると, 従来「知識学」と訳されてきた Wissenschaftslehre が「知の理
論」, また「自我」と訳されてきた Ich が〈私〉と訳されている. こうした変更
は, これまでフィヒテ哲学について抱かれてきた, 難解であるとか硬さといっ
た印象を多少なりとも和らげ, 読者にとってフィヒテ哲学を近づきやすいもの
にしているように思われる. さらにそれだけではなく, こうした訳語の提案は,
フィヒテの思想内容にまで踏み込んだ新たな議論の場を開き, ヤコプスが述べ
る, 語の本来の意味での「知の理論との批判的取り組み」(233頁) を可能にし,
全体として日本のフィヒテ研究の質を高めることにつながるのではないかと評
者は考える.

　最後に, 本書の意義について述べておきたい. 本書は, その題が示すとおり,
フィヒテの主要著作の解説を通してフィヒテ哲学の核心を紹介する入門書であ
る. 特筆すべきなのは, 何よりも著者が, フィヒテ哲学のどのような点が誤解
され理解されてこなかったかを熟知しており, それらの点に関して時には適切
な例を挙げながら丁寧に説明している点である. これほどまでに分かりやすい
入門書は, 評者の知るかぎり, これまでに類を見ない. このような本書が, 先
に述べた訳者の配慮のもとで, この度日本語へ訳されたのは大変喜ばしいこと
であり, 訳者の方々が払われた労力に敬意を表したい. 本書は, これからフィ
ヒテを勉強しようとする者がまず参照すべき基本文献となるに違いない.

【独文要旨】

# Zusammenfassungen

## Eine Betrachtung von Fichtes Rezension
## „Zum ewigen Frieden: Ein philosophischer Entwurf von Immanuel Kant"

Toshiro TERADA (Tokio)

In der Einleitung meines Artikels lege ich dar, dass Fichte die Friedensschrift von Kant korrekt versteht und dies in seiner Abhandlung klar wiedergibt. Er erfasst den wesentlichen Kern der Friedensschrift: Sie umfasst das gesamte philosophische Gedankengebäude der Rechtslehre von Kant, ausgehend von der menschlichen Vernunft. Zugleich ist sie eine journalistische Schrift, geistreich formuliert und an die aktuellen Fragen seiner Zeit angepasst. Im Anschluss konzentriere ich mich auf zwei Punkte der umfangreichen Abhandlung: erstens den Zusammenhang zwischen Sittenlehre und Rechtslehre und zweitens die „Garantie" des ewigen Friedens.

Fichte stellt richtig heraus, dass das fundamentale Prinzip des Rechts lautet, dass jeder seine Freiheit so beschränken solle, dass neben der eigenen die Freiheit der andern genauso bestehen kann. Dies stimmt mit dem Prinzip des Rechts bei Kant überein, das er in seiner Rechtslehre als „das allgemeine Rechtsprinzip" bezeichnet. Die Frage, die hier zu überdenken ist, lautet: Woraus wird dieses Prinzip abgeleitet? Unter gegenwärtigen Kantforschern wird diskutiert, ob es aus dem Prinzip der Moral hergeleitet ist. Fichte würde diese Frage mit „Nein" beantworten, denn er meint, dass das Prinzip des Rechts bei Kant von dessen Prinzip der Moral, d.h. dem kategorischen Imperativ, unabhängig sei. Entgegen dieser Auffassung von Fichte bringe ich verschiedene Argumente dafür vor, dass das Prinzip des Rechts aus der Moralphilosophie Kants abgeleitet ist.

Im ersten Zusatz der Friedensschrift erwähnt Kant die „Garantie" des ewigen Friedens: Die Natur nutze die sinnlichen Neigungen des Menschen, um ihn zum ewigen Frieden zu verhelfen. Neben dem Handelsgeist betrachtet Kant sogar

Kriege als eine solche Hilfe der Natur. Dies scheint der Hauptaussage der Friedensschrift zu widersprechen: Nach Kant besteht die ursprüngliche moralische Pflicht des Menschen darin, Frieden zu suchen. Trotzdem scheint Fichte darin kein Problem zu sehen, und dies aus einem einfachen Grund: Fichte trennt Rechtslehre von Sittenlehre.

Im Gegensatz zu Fichte behaupte ich, dass die Realisierung des ewigen Friedens durch eine weltbürgerliche rechtliche Verfassung eine moralische Pflicht des Menschen darstellt, wobei die Natur den Menschen dazu kraft sinnlicher Neigungen oder der „ungeselligen Geselligkeit" hilft. Darin sehe ich eine gewisse Logik der Hoffnung: dass die Bemühungen um die schwierige Aufgabe der Herstellung des ewigen Friedens nicht vergeblich sind.

### Die Genese der Fichteschen Verfassungslehre: Fichtes Interpretation von Kants „Zum ewigen Frieden"

Hideto KUMAGAI (Tokio)

Dieser Artikel analysiert Fichtes Interpretation der Kantischen Verfassungslehre in seiner Rezension von Kants „Zum ewigen Frieden".

Kant legte in Anlehnung an Rousseaus Verfassungslehre in „Zum ewigen Frieden" die Anzahl der Herrscher und die Trennung der exekutiven von der legislativen Gewalt als Kriterien zur Klassifizierung von Verfassungsformen fest. Nach Kant bedeutet die Trennung der exekutiven von der legislativen Gewalt „Republicanism", und eine solche Regierung sei „repräsentativ". Einen Widerspruch zwischen „Republikanismus" und „Monarchie" konnte sich Kant nicht vorstellen, wie seine Lobrede auf König Friedrich II. zeigt. Außerdem hat Kants „repräsentative" Verfassung nichts mit Parlamentarismus zu tun.

Fichte gab seine eigene Interpretation von Kants Verfassungslehre. Es gibt drei Hauptmerkmale dieser Interpretation. (1) Kants legislative Gewalt wird von Fichte als abstraktes „Rechtsgesetz" interpretiert, und der exekutiven Gewalt wird die Rolle zugewiesen, die positiven Gesetze entsprechend der jeweiligen Situation zu erlassen und durchzusetzen, wobei das „Rechtsgesetz" als abstraktes Prinzip bzw. als Idee erhalten bleibt. (2) Während sich die Rolle der exekutiven Gewalt bei Kant auf die Anwendung der positiven Gesetze beschränkte, wird bei Fichte die exekutive Gewalt im „weiteren Sinn" als eine eigenständige Macht verstanden, die die drei Gewalten der Gesetzgebung, der Exekutive und der Justiz in sich vereint. Gegen diese exekutive Gewalt im „weiteren Sinn", d.h. die Regierung ist kein Widerstandsrecht erlaubt. (3) Fichte etablierte das Ephorat als Kontrolle der Regierung. Das Ephorat urteilt nicht über die Begründung der einzelnen Maßnahmen der Regierung, sondern ruft das „Volk" als „Richter" über die Maßnahmen der Regierung herbei, wenn es die Gefahr einer Tyrannei durch die Regierung wahrnimmt.

Nach Fichte ist jede Verfassung mit diesen drei Merkmalen eine „Republik" im weiteren Sinn und also „repräsentativ". Fichtes Verfassungslehre unterscheidet sich von derjenigen Kants in Einzelheiten des Verfassungsentwurfs, teilt aber die Auffassung bezüglich des harmonischen Verhältnisses zwischen „Republik" und „Monarchie", und der von der parlamentarischen Regierung unterschiedenen „Repräsentation".

## Bericht des Moderators vom Symposium: Fichte und Romantik

Yoichiro OHASHI (Tokio)

Wenn es um die Auswirkungen der Philosophie Fichtes auf die deutsche Gesellschaft geht, ist die mittlere Periode seines Denkens während der Napoleonischen Kriege ab 1805 weithin anerkannt. Andererseits bleibt die Wirkung von Fichtes Philosophie auf die Welt des Denkens in der kurzen Zeit ab 1792 noch unklar. Das Symposium untersuchte insbesondere das Fichteverständnis der jungen Jenaer Romantiker in den 1790er Jahren. Ein angemessener Kenntnisstand wurde von den Teilnehmern des Symposiums vorausgesetzt, die Entwicklungsgeschichte der eigenen frühen Philosophie Fichtes wurde ausgelassen. Da sich die Argumente der Befürworter aber jeweils mit subtilen zeitlichen Unterschieden befassten, werde ich versuchen, einen Überblick über die Punkte zu geben, die den ersten Teil ihrer Argumente verbinden.

## Zur ‚antifundamentalistischen' Philosophie von Novalis

Ryo HIRAI (Tokio)

Der Zweck dieser Abhandlung besteht darin zu zeigen, wie sich Novalis mit dem Fichte'schen Denken auseinandersetzte und dabei sein eignes originelles Denken entwickelte. Besondere Aufmerksamkeit gilt dem Thema des spezifischen Antifundamentalismus von Novalis.

Im ersten Kapitel geht es ausschließlich um die „Fichte-Studien (1795/96)". Hier werden folgende drei Punkte aufgezeigt. 1) Das Selbstgefühl als die ursprüngliche Identität besitzt an sich keine Evidenz, und damit kann die Voraussetzung für das erste Prinzip nicht gesichert werden. 2) Die Legitimität des Selbstgefühls kann gesichert werden, nämlich aufgrund der Wechselbestimmung zwischen dem Gefühl und der Reflexion, dem Subjekt und dem Objekt, ferner dem theoretischen und praktischen Ich. 3) Aber da das Absolute eine regulative Idee ist, schreitet der Prozess des Beweises bis ins Unendliche fort. Aus diesen Punkten erhellt, dass der Prozess, die Wahrheit im Zusammenhang mit dem Ganzen zu beweisen, der unendliche Entfaltungsprozess der Philosophie selbst ist.

Im zweiten Kapitel wird hauptsächlich die Zeit des Enzyklopädie-Entwurfs (1798/99) behandelt. Hier werden folgende drei Punkte aufgezeigt. 1) Die Systematisierung der Wissenschaften muss entwickelt werden aus der Etablierung einer wechselseitigen Spiegelung zwischen dem Prinzip und der Empirie oder dem Ideellen und dem Reellen, wobei das eine jeweils durch das andere bestätigt und begründet wird. 2) Dieser Prozess der wechselseitigen Spiegelung muss unendlich zurückgehen auf den endgültigen Grund; damit wird die historische Dimension in den Prozess der Systematisierung der Wissenschaften eingeführt. 3) Indem sich

Prinzip und Empirie wechselseitig begründen, bei Bildung organischer Zusammenhänge, ist die Synthese von Einheit und Vielheit der anzustrebende Gedanke.

Im Ergebnis ist festzuhalten: Die Grundlage der Philosophie in diesen unersättlichen Willen nach der Wahrheit zu legen, oder diesen Willen selbst als die Philosophie zu betrachten, ist die Substanz des Novalis'schen ‚Antifundamentalismus'.

## Von der Transzendentalphilosophie zur Transzendentalpoesie
### ——Friedrich Schlegels Fichte-Rezeption in den Jahren 1795-98——

Nobuyuki KOBAYASHI (Chiba)

Wie bekannt ist, sieht die Nachwelt in Fr. Schlegel den Protagonisten der Jenaer Frühromantik. Es war im Alter von 24, als der spätere „Romantiker" auf Anregung seines Bruders August Wilhelm im Sommer 1796 von Dresden nach Jena übersiedelte. Von Dresden aus hatte er bereits 1795/96 seine Rezension über Condorcet für Niethammers Zeitschrift *Philosophisches Joual* eingereicht; er hatte Niethammer auch nach der Möglichkeit der Äußerung seiner „Gedanken über Fichte's System" gefragt, m.a.W. der Aufnahme seiner Rezension über Fichtes Wissenschaftslehre in die genannte Zeitschrift. Fichte erscheint doch dem 23 jährigen Schlegel eben als der Philosoph, der die praktische Philosophie Kants erörtert, ergänzt und durch die „gewaltig durchgreifende Kraft" fortschreitet, um sie zu vollenden. Sein Vorhaben, solch eine Rezension zu veröffentlichen, wurde in einer etwas anderen Form in Jena ausgeführt. D.h.: In der *Rezension der vier ersten Bände von F. J. Niethammers Philosophsichem Journal*, die 1797 in der *Allgemeine Literatur-Zeitung* erschien. Dort faßt Schlegel seine „Gedanken" über WL mit Termini aus Fichtes Aufsatz: *Vergleichung des vom Herrn Prof. Schmid aufgestellten Systems mit der WL* zusammen. Einige Sätze daraus lauten so: „Der einzige Anfang und vollständige Grund der WL ist eine Handlung: (...) die innere freie Anschauung der Ichheit, (...). Die ganze Philosophie ist (...) Analyse dieser einigen, (...) in ihrer Tätigkeit dargestellten Handlung." (KA VIII, 28)

Mit dieser „Gedanken"-Äußerung über den Kern der WL scheint Fichte ziemlich zufrieden gewesen zu sein und in der *Zweiten Einleitung* 1797 fordert er Schlegel auf, dass dieser bald seine Meinungen über Verschiedenheit und Identität zwischen dem Kantischen und Fichteschen System in die Öffentlichkeit darstellen solle. Und wir sehen eben in Fichtes Aufforderung einen gewissen Grund, warum Schlegel in Berlin, in der mit Augst Wilhelm zusammen gegründeten Zeitschrift *Athenäum* seine „Gedanken über Fichte's System" nochmal zur Sprache bringt. Das 281. Fragment aus dem *Athenäum* (1798) besagt: Fichte sei „in der Form ein Kant in der zweiten Potenz" und die *neue Darstellung* der WL „immer zugleich Philosophie und Philosophie der Philosophie". Parallel dazu heisst es im 238. Fragment: Die von Schlegel konzipierte Transzendentalpoesie liegt, wie die Transzendentalphilosophie Fichtes, in der Mitte zwischen Realismus und Idealismus; sie „sollte in jeder ihrer Darstellungen sich selbst mit darstellen, und überall zugleich Poesie und Poesie der Poesie sein."

## Der „Geist der Fichteschen Wissenschaftslehre" und seine Reichweite in Friedrich Schlegel

Ken'ichiroh MATSUOKA (Kyoto)

Der junge Friedrich Schlegel setzt sich mit der Fichteschen Wissenschaftslehre dadurch auseinander, dass er ein charakteristisches „Fichte"-bild erfindet, demzufolge es der Wissenschaftslehre an einem Sinn für Chaos bzw. einem Verständnis des Zufälligen mangelt. In seinem aus philosophischen Fragmenten bestehenden Entwurf „Geist der Fichteschen Wissenschaftslehre" konstatiert Schlegel ein Verhältnis, in dem das Ich als Prinzip der Wissenschaftslehre Fichtes nur in sich selbst allein zurückkehrt und noch „zu eng" ist, als dass sie sich in Wechselbestimmungen mit anderen Wissenschaften lebendig erhalten könnte. Diesen „Geist" der Wissenschaftslehre fasst er recht polemisch auf und versucht, das grundlegende Modell der Wissenschaften, insbesondere der Philosophie, zu erneuern. Seine Polemik oder Kritik gegen Fichte besteht in einer radikalen

Forderung nach Transdisziplinarität und hat einen neuen Systementwurf, die „Enzyklopädie", zur Folge.

## Fichtes Theorie des Ich in Jena: In der Wechselbestimmungsrelation mit dem Nicht-Ich

Sambi OZAKI (Tokio)

Die vorliegende Abhandlung erwägt das Ich, welches im wirklichen Bewusstsein gegeben werden soll, bei Fichte in dessen Jenaer Zeit unter Betrachtung der Wechselbestimmungsrelation zwischen dem Ich und dem Nicht-Ich. In Bezug auf dieses Verhältnis gilt jenes Ich als „etwas", und eben darum wird es strikt unterschieden vom „absoluten Ich", welches als eine Idee eingeführt, daher auch, in diesen Sinn, als „nichts besonderes" ausgelegt wird.

Also wird zuerst der Umstand, worin die genannte Wechselbestimmung expliziert wird, auf Basis des theoretischen Teils der *Grundlage der gesamten Wissenschaftslehre* überblickt. Dann zeigt sich zum Einen, dass dadurch, dass die Realität oder Tätigkeit, die eigentlich dem absoluten Ich durchaus zukommen sollte, zum Teil aufgehoben (d.h. eingeschränkt) und damit eben derselbe aufgehobene Teil dem Nicht-Ich übertragen wird, wodurch das teilbare Ich mit dem teilbaren Nicht-Ich gleichgesetzt wird, und zum Anderen, dass aufgrund einer bestimmten Realität (Tätigkeit), welche dem Ich gegeben wird, das Ich als etwas, nämlich als Was, dessen Sein auf eine Art bestimmt ist, gesetzt wird.

Zweitens wird ausgehend vom praktischen Teil der *Grundlage* die Überlegung angestellt, wie die oben genannte Einschränkung dem Ich überhaupt zukommt, also warum das Ich als etwas gesetzt wird. Bei dieser Betrachtung wird deutlich, dass es einen Anstoß gegen die Tätigkeit des Ich geben soll, wenn das Ich als die unendlich fortgehende Tätigkeit handelt, welche auf der Idee des absoluten Ich beruht, die fordert, alle Realität in sich zu fassen und die Unendlichkeit zu erfüllen. Auch zeigt sich, dass durch diesen Anstoß diese Tätigkeit ins Ich selbst zurückgeht und aus diesem Anlass das Ich mit dem Nicht-Ich als etwas zugleich gesetzt wird. Hier lässt sich weiter feststellen, dass das Ich mit dem Nicht-Ich nur wechselseitig als etwas bestimmt werden kann, aber auch, dass dies immer durch das Zusammenwirken des praktischen und theoretischen Vermögens des Ich offenbart werden kann.

Drittens sollen, um deutlich zu machen, wie das nach dem theoretischen und praktischen Teil Gezeigte miteinander zusammenhängt, einige einschlägige Zusammenhänge aus der *Wissenschaftslehre nova methodo* zum Vergleich hinzugezogen werden, in denen diese Zusammenhänge aus der Beziehung zwischen der praktischen und theoretischen Handlung des Ich ausdrücklicher greifbar sind. Nach jenen Zusammenhängen entsteht das Bewusstsein über sich selbst erst, wenn die freie Handlung (reale Tätigkeit), welche nach einem Zweck, was da sein soll, entworfen ist, eingeschränkt wird und damit dieses Eingeschränktsein durch die theoretische Handlung (ideale Tätigkeit) reflektiert wird. Also lässt sich sagen, dass das wirkliche Ich, welches immer mit dem Nicht-Ich wechselseitig bestimmt werden kann, gleichsam in den Beziehungen, die in den oben genannten theoretischen und praktischen Teilen gezeigt wurden, oder als eine solche Bewegung an sich bewusst wird. Doch es ist nicht zu übersehen, dass das als „nichts" oben gezeigte absolute Ich der Möglichkeit des wirklichen Ich zugrunde liegen muss. In dieser Abhandlung lässt es sich zuletzt erklären, dass das absolute Ich, als solches, schlechthin nicht als „etwas leeres" gesehen werden soll.

【報　告】

┌─────────────────────┐
│ 日本フィヒテ協会会務報告 │
└─────────────────────┘

Die Tätigkeitsbericht der Japanischen Fichte-Gesellschaft

鈴木伸国
Nobukuni SUZUKI（Tokio）

2021年7月現在 会員100名（一般会員85名，国内特別会員1名，海外特別会員14名）

### 1）委員会

第72回委員会（2020年11月15日 Zoom によるインターネット上の遠隔会議で開催）

第73回委員会（2020年4月24日 Zoom によるインターネット上の遠隔会議で開催）

### 2）第36回大会

2020年11月15日（日），第36回大会がオンラインで開催された．

〈一般研究発表〉

尾崎賛美「イェナ期におけるフィヒテ自我論の一考察——非我との相互規定的な関係から——」

　司会：入江幸男

嘉目道人「知識学の原則が在るとき，無いとき——フィヒテの「循環」論証における様相助動詞の意味について——」

　司会：湯浅正彦

〈テクスト研究〉

「カント『永遠平和のために』論評」

　提題者：

　寺田俊郎「フィヒテ「カントの『永遠平和のために』論評」を読む」

　熊谷英人「政体論の発見——「『永遠平和論』書評」を読む——」

　司会：杉田孝夫

〈シンポジウム〉

「フィヒテとロマン主義」

　提題者：

　小林信行「フリードリヒ・シュレーゲルのフィヒテ受容（1798年のアスペクトから）」

　松岡健一郎「フィヒテではない「フィヒテ」がフィヒテに何を言うのか」

　平井涼「ノヴァーリスにおける反基礎づけ主義の哲学をめぐって——フィヒテとイェーナ・ロマン主義の関係への一視角——」

　司会：大橋容一郎

Die 36. Tagung der Japanischen Fichte-Gesellschaft（15. Nov. 2020, online via ZOOM）

⟨Referat⟩

Sambi OZAKI （Tokio）, Fichtes Ichslehre in Jena: In der Wechselbestimmungsrelation mit dem Nicht-Ich

Michihito YOSHIME （Osaka）, Wenn es das Grundsatz des Wissenschaftslehre gibt, und wenn nicht. Modalverben in Fichtes Zirkelargument

⟨Textstudie⟩

„Zum Ewigen Frieden"

Toshiro TERADA （Tokio）, Eine Betrachtung von Fichtes Rezension „Zum ewigen Frieden: Ein philosophischer Entwurf von Immanuel Kant"

Hideto KUMAGAI （Tokio）, Die Genese von der Fichteschen Verfassungs-lehre: Fichtes Interpretation über Kants „Zum Ewigen Frieden"

Leitung: Takao SUZGITA （Tokio）

⟨Symposium⟩

Fichte und Romatik

Nobuyuki KOBAYASHI （Chiba）, Fichte-Rezeption von Fr. Schlegel aus dem Aspekt des Jahres 1798

Ken'ichiroh MATSUOKA （Kyoto）, Was sagt der 'Fichte', der nicht Fichte is, zu Fichte?

Ryo HIRAI （Tokio）, Zur ‚antifundamentalistischen' Philosophie von Novalis: eine Perspektive auf Fichte und Jenaerromantik

Leitung: Yoichiro OHASHI （Tokio）

### 3）フィヒテ協会賞/Fichte Preis

　フィヒテ研究の水準を刷新する優れた単著の研究書に対する「日本フィヒテ協会フィヒテ賞」（第二部門）は以下のとおり熊谷英人会員に授与された.「日本フィヒテ協会研究奨励賞」（第一部門）には該当者がなかった.

　Fichte-Preis von 2020 wurde Hideto Kumagai verliehen.

⟨日本フィヒテ協会フィヒテ賞（第二部門）受賞者⟩

熊谷英人 Hideto KUMAGAI

⟨受賞対象著作⟩

『フィヒテ「二十二世紀」の共和国』（岩波書店, 2019年）

Die ideale Republik im „22. Jahrhundert"

⟨受賞理由⟩

　受賞対象著作は, フィヒテの政治思想を,「秩序構想」という観点から発展史的に克明にたどり, それが晩年の未完の草稿のうちで「二十二世紀」のユートピア的共和国構想──その統治機構論──として結実したさまを, 関連する諸テクストの解釈をつうじて再構成しつつ見事に解明した画期的な作品である.

　それは, 南原繁の『フィヒテの政治哲

学』以降の哲学的方法を用いた体系的再構成による研究蓄積を十二分に吸収しつつ，それを補完する研究方向を打ち出したことにおいて，まことに意義深い．すなわち，フィヒテがその学者としての生涯において，同時代の社会的政治的状況への対応のうちで展開していった秩序構想は，前者の研究方法によっては汲み尽すことができないフィヒテの実存にもとづいていた．著者は，それに着眼することによって，「フィヒテ自身が見ていた知的風景」を見，彼が懐いていた「苛立ちや興奮や希望」を感じ取るような仕方で，彼の哲学する姿を描くことを目論み，それに見事に成功したと評価できる．本書は，政治哲学のパースペクティヴからする，フィヒテという稀有の哲学者の知的伝記であり，その意味で高い独創性をもつと思われる．

　この新しい研究方法によってフィヒテの秩序構想は，当時の身分制社会の構造的矛盾を全面的に克服するための方途として，カント，モンテスキュー，ルソー，フランス革命期の論客たちに加え，マキアヴェッリにペスタロッチ，そして何よりもプラトンとの政治学史的な連関において，「幻影の共和国」にして「未完の共和国」として描き出される．それは，知識学の理念によって統御された徹底的に能力主義的な階層社会，すなわち，その理念を体現した「知識人」たちが頂点

に立ち，宗教制度と経済統制によって労働身分を管理する理想国家であり，その存続を担うのは，国家による「教育」（「陶冶」）である．これが，プラトンの国家論の批判的受容によって成立した点を証明したことは，本書の大きな功績である．

　もとよりフィヒテはその政治哲学において現代に到るまで「不穏な存在」であり続け，その史料事情もあいまって，一面的な政治的解釈，とりわけナショナリストとしての側面を極端に誇張する解釈にさらされてきた経緯がある．これは，哲学的方法による体系的再構成によってきびしい批判が行なわれながらも，なお残存する傾向であろう．それゆえ，熊谷氏が，本書の達成を踏まえて，フィヒテ政治哲学のアクチュアリティや現代的評価について論じられるような研究を今後展開されることも期待したい．

　しかしながら，熊谷氏の著作は，今後のどのようなフィヒテ政治哲学の研究や解釈においても——アクチュアリティを汲み取ろうとしたり現代的評価に論及する場合にも——考慮されるべきフィヒテの秩序構想を克明に刻みだした点において，基本文献として久しく読み継がれるに値するであろう．

　選考委員会は，以上の評価のもとに，本書が本年度のフィヒテ賞にふさわしい業績であると判断した．

## 日本フィヒテ協会役員（2019年度～2021年度）

Vorstand der Japanischen Fichte-Gesellschaft（2019-2021）

会長：美濃部仁

Präsident: Hitoshi MINOBE

常任委員：大橋容一郎，岡田勝明，杉田孝夫

Geschäftsführender Vorstand: Yoichiro OHASHI, Katsuaki OKADA, Takao SUGITA

委員：入江幸男，勝西良典，加藤泰史，久保陽一，隈元泰弘，清水満，鈴木伸国，田端信廣，中川明才，長町裕司，パトリック・グリューネベルク，舟場保之，山口祐弘，湯浅正彦，嘉目道人

Vorstandsmitglieder: Yukio IRIE, Yoshinori KATSUNISHI, Yasushi KATO, Yoichi KUBO, Yasuhiro KUMAMOTO, Mitsuru SHIMIZU, Nobukuni SUZUKI, Nobuhiro TABATA, Akitoshi NAKAGAWA, Yuji NAGAMACHI, Patrick GRÜENEBERG, Yasuyuki FUNABA, Masahiro YAMAGUCHI, Masahiko YUASA, Michihito YOSHIME

会計監査：高田純，辻麻衣子

Rechnungsprüfer: Makoto TAKADA, Maiko TSUJI

## 『フィヒテ研究』編集委員会

委員長：舟場保之

委員：勝西良典，加藤泰史，隈元泰弘，清水満，鈴木伸国，中川明才，長町裕司，パトリック・グリューネベルク，嘉目道人

Redaktionsausschuss

Vorsitzender：Yasuyuki FUNABA

Mitglieder: Yoshinori KATSUNISHI, Yasushi KATO, Yasuhiro KUMAMOTO, Mitsuru SHIMIZU, Nobukuni SUZUKI, Akitoshi NAKAGAWA, Yuji NAGAMACHI, Patrick GRUENEBERG, Michihito YOSHIME

## 日本フィヒテ協会賞選考委員会

委員長：湯浅正彦

委員：入江幸男，岡田勝明，大橋容一郎，久保陽一，杉田孝夫，田端信廣，山口祐弘

Fichtepreis-Komitee

Vorsitzender：Masahiko YUASA

Mitglieder: Yukio IRIE, Katsuaki OKADA, Yoichiro OHASHI, Yoichi KUBO, Takao SUGITA, Nobuhiro TABATA, Masahiro YAMAGUCHI

事務局（2020年度〜2022年度）：鈴木伸
　　国

Geschäftsführung（2020-2022）:
Direktor: Nobukuni SUZUKI

# 日本フィヒテ協会規約

Satzung der Japanischen Fichte-Gesellschaft

| | | |
|---|---|---|
| 1985年 5 月19日　制　定 | 1996年11月16日　一部改正 | 2013年 4 月27日　一部改正 |
| 1987年11月15日　一部改正 | 1998年 5 月17日　一部改正 | 2013年11月24日　一部改正 |
| 1988年12月 4 日　一部改正 | 2002年12月 8 日　一部改正 | 2014年11月23日　一部改正 |
| 1989年 5 月13日　一部改正 | 2005年12月 3 日　一部改正 | 2016年11月 6 日　一部改正 |
| 1993年 4 月 1 日　一部改正 | 2006年11月18日　一部改正 | 2020年 5 月22日　一部改正 |
| 1994年11月11日　一部改正 | 2007年11月17日　一部改正 | |
| 1996年 5 月18日　一部改正 | 2010年11月22日　一部改正 | |

第1条　本会は日本フィヒテ協会と称する.

第2条　本会はフィヒテ哲学を中心とした思想の研究を推進し，会員相互の研鑽をはかることを目的とする.

第3条　本会は前条の目的を達成するために，次の事業を行なう.
1　学会・研究会・講演会等の開催.
2　機関誌『フィヒテ研究』の発行.
3　ドイツ連邦共和国その他のフィヒテ研究機関との交流.
4　その他必要な事業.

第4条　本会は以下の各項に該当する者をもって会員とする.
1　会員―フィヒテの思想に関心を有する研究者及びこれに準ずる者
2　賛助会員―本会の趣旨に賛同する者
3　特別会員―外国在住のフィヒテ研究者並びに本会の活動に長年貢献した委員

第5条　本会の運営は会費・寄付金その他の収入による.

第6条　会員は年会費7,000円を納入するものとする. ただし，常勤の職にない会員は，6,000円とする.

第7条　本会は次の役員を置く.

| | |
|---|---|
| 会　　長 | 1名 |
| 常任委員 | 3名 |
| 委　　員 | 約20名 |
| 会計監査 | 2名 |
| 幹　　事 | 若干名 |

第8条　委員及び会計監査は会員の間から選出し，会長及び常任委員は委員の間から互選する.
委員会は必要に応じて，若干名の委員を委嘱することができる.

第9条　幹事は会員中より会長が若干名を委嘱し，委員会の承認を得るものとする.

第10条　会長は本会を代表する. 常任委員は委員会の常務を掌る.
委員は委員会を構成し，本会の運営について協議決定する.
会計監査は年一回会計を監査する. 幹事は本会の事務を行なう.

第11条　役員の任期は三年とし，重任を妨げない.
ただし，会長の任期は連続二期を限度とする.

第12条　本会は日本フィヒテ協会編集委員会および日本フィヒテ協会賞選考委員会を置く. 各委員会の規程は別に定める.

第13条　本会の事務局は2020年 4 月より 3 年間東京都千代田区紀尾井町7-1上智大学文学部鈴木伸国研究室に置く.

第14条　本規約の変更は日本フィヒテ協会委員会の決議による.

## 『フィヒテ研究』研究論文投稿・査読規程
### Richtlinien für Manuskripte

| | | | |
|---|---|---|---|
| 1993年 5 月23日 | 制　　定 | 2012年 4 月21日 | 一部改正 |
| 1995年11月11日 | 一部改正 | 2013年 4 月27日 | 一部改正 |
| 1996年 5 月18日 | 一部改正 | 2013年11月24日 | 一部改正 |
| 1997年 5 月24日 | 一部改正 | 2014年11月23日 | 一部改正 |
| 1999年11月20日 | 一部改正 | 2015年 5 月 9 日 | 一部改正 |
| 2010年 5 月16日 | 一部改正 | 2016年 4 月23日 | 一部改正 |
| | | 2017年 4 月23日 | 一部改正 |

日本フィヒテ協会編集委員会

1　投稿応募者は日本フィヒテ協会の会員であること．

2　投稿論文はフィヒテ思想に関わる未発表の創作論文であること．

3　原稿はワープロで，35字28行の14ページ以内（題目・氏名・文末注を含む）とする，そのほかにドイツ語の要旨 A4版 1 ページ（約3000Anschläge 相当），ドイツ語要旨の日本語訳，以上を原則として，MS-Word ファイルまたは MS-DOS テキストファイルの形で，編集事務局宛に E-メールで添付ファイルとして提出すること．

4　フィヒテ全集からの引用略号は次の通りとする．

アカデミー版　表記例：GA I/3, 123

I. H. フィヒテ版　表記例：SW Ⅶ, 234

5　投稿締切は毎年 3 月末日とする．

6　投稿応募論文の機関誌への掲載の可否は，編集委員会から委嘱された複数の査読委員の査読報告に基づいて，編集委員会が審査決定し，6 月末日までに投稿者宛に通知する．

日本フィヒテ協会編集事務局：

大阪大学大学院文学研究科　舟場保之研究室

〒560-8650　大阪府豊中市待兼山町1-5

Tel. 06-6850-6109（直通）

funacho@let.osaka-u.ac.jp

## 編　集　後　記

### Redaktionelle Anmerkungen

『フィヒテ研究』第 29 号をお届けいたします.

　第 36 回フィヒテ協会大会は, COVID-19 の影響のため, オンラインによる短縮された形での開催を余儀なくされましたが, 例年どおり『フィヒテ研究』には力作を揃えることができました. 巻頭には, 4 回目となった「テクスト研究」の論考 (提題者：寺田俊郎氏, 熊谷英人氏, 司会：杉田孝夫氏) が掲載されております. 今回取り上げられたテクストは,「カント『永遠平和のために』論評」(*Zum ewigen Frieden. Ein philosophischer Entwurf von Immanuel Kant*) でした. 次に, シンポジウム「フィヒテとロマン主義」に関する総括 (大橋容一郎氏) と提題をもとにした論考 (平井涼氏, 小林信行氏, 松岡健一郎氏) が続きます. シンポジウムのタイトルにふさわしく, フィヒテとロマン主義を主題とし, とりわけノヴァーリスあるいはシュレーゲルとフィヒテの関係に焦点をあてた議論が展開されています. また今号には, 公募論文が 1 本掲載されております. 若手研究者によるすぐれた研究論文です. これらに続けて, ヴィルヘルム・G・ヤコプ著 (鈴木崇夫, パトリック・グリューネベルク訳)『フィヒテ入門講義』の若手研究者による書評 (橘智朗氏) が掉尾を飾ります.

　一昨年暮れから本格化し始めた COVID-19 感染拡大の影響にもかかわらず, 以上の通り, 今号も充実した内容を備えております. 末筆ながら, この状況下においても変わることなく編集作業のサポートを行っていただいた晃洋書房の福地成文氏には心より感謝申し上げます.

2021 年 9 月 15 日　　　　　　　　　　　　　　編集委員長　舟場 保之
　　　　　　　　　　　　　　　　　　　　　　　Yasuyuki FUNABA

**日本フィヒテ協会事務局**

上智大学哲学科
鈴木研究室
　郵便番号　102-8554
　東京都千代田区紀尾井町 7-1
　Tel. 03-3238-3826
　E-Mail J.G.Fichte.JP
　　　　　@gmail.com
　URL　http://fichte-jp.org/
　振込口座　01030-2-65776

**Japanische-Fichte-Gesellschaft**

Geschäftsstelle: Prof. Suzuki
　　　　　　　　　（Sophia Universität）
Kioicho 7-1, Chiyodaku, Tokio, 102-8554 Japan
Tel.　03-3238-3826
E-Mail J.G.Fichte.JP@gmail.com
URL　http://fichte-jp.org/
Postgirokonto　01030-2-65776

フィヒテ研究　第29号 2021年

2021年11月10日　発行　　　定価 本体 1900 円（税別）

編　集　フィヒテ研究編集委員会

発　行　日本フィヒテ協会

発　売　株式会社 晃 洋 書 房
　　　　郵便番号 615-0026　京都市右京区西院北矢掛町7
　　　　電　話 075(312)0788　Ｆ Ａ Ｘ 075(312)7447
　　　　振替口座　01040-6-32280

©Japanische Fichte-Gesellschaft 2021　　ISBN978-4-7710-3559-1

Redaktion： Redaktionsausschuss der Japanischen
　　　　　　 Fichte-Gesellschaft
Herausgeber： Japanische Fichte-Gesellschaft
Verlag： Koyo Shobo

Saiin-Kitayakakecho 7, Ukyoku, Kyoto, 615-0026 Japan
Tel. 075(312)0788, Fax 075(312)7447, Postgirokonto 01040-6-32280